中国式教养

中国父母家庭教养必修课

曾仕强◎著

北京时代华文书局

图书在版编目（CIP）数据

中国式教养 ：中国父母家庭教养必修课 / 曾仕强著 . —北京 ：北京时代华文书局，2020. 3
ISBN 978-7-5699-3576-9

Ⅰ . ①中… Ⅱ . ①曾… Ⅲ . ①家庭教育—研究—中国 Ⅳ . ① G78

中国版本图书馆 CIP 数据核字（2020）第 033342 号

中国式教养 ：中国父母家庭教养必修课
ZHONGGUO SHI JIAOYANG ZHONGGUO FUMU JIATING JIAOYANG BIXIU KE

著　　者 | 曾仕强

出 版 人 | 陈　涛
选题策划 | 周　军
责任编辑 | 周连杰
装帧设计 | 赵胜军
责任印制 | 刘　银

出版发行 | 北京时代华文书局　http://www.bjsdsj.com.cn
北京市东城区安定门外大街 136 号皇城国际大厦 A 座 8 楼
邮编：100011　电话：010-64267955　64267677
印　　刷 | 天津格美印务有限公司　电话：010-69290834
开　　本 | 710mm×1000mm　1/16　印　张 | 16.5　字　数 | 211 千字
版　　次 | 2020 年 6 月第 1 版　印　次 | 2020 年 6 月第 1 次印刷
书　　号 | ISBN 978-7-5699-3576-9
定　　价 | 49.80 元

读者购书、书店添货或发现印刷装订问题，请与曾仕强教授官网：良心网联系、调换。
电话：010-69292472
盗版举报电话：010-69290834

目录 CONTENTS

第三章　把好中国式教养“第一关”

第四章　中国式教养“爱与责”之道

第五章　中国式教养　父母只需做好四件事

第一章
中国式教养　给孩子一个幸福的人生

在家庭教育中，我一直主张身教大于言传。父母的口头教育不一定能起多大作用，而父母的良好品性、做好事、积上德才是教育出好孩子的关键。

培养可爱的孩子

我们究竟要把孩子教育成什么样才算成功呢?

这或许是家长们普遍关心的一个问题。其实这个问题的答案很简单，既不是让孩子强势能干，也不是让孩子拥有多少卓越的才艺，而是培养出可爱的孩子。

在我看来，小孩子不是有才、会劳动、能干，像大人就好，而是一定要可爱。**孩子是否可爱，可以视为当今中国家庭教育的一个重要指标**。

什么样的孩子才可爱

任谁都喜欢可爱的孩子，如果小孩过早地成人化，就会失去童真童趣。比如看到陌生人，躲在爸爸身后，偶尔探出头的小女孩，要比规规矩矩地上前打招呼的孩子，显得活泼可爱得多。这是我的个人看法，每个人对于孩子“可爱”与否都有自己的判断。但是下面三种表现，相信大多数父母都会认同:

其一，脸上常挂着笑容。一个小孩总是满面笑容，那多么可爱！连周围人也会被这种天真无邪的笑容所感染。常常笑的小孩，总是比整天哭丧着脸的，或总是一脸深沉的孩子受人欢迎。

其二，表情、动作轻松自然。所谓表情动作自然，就是不做作，一举一动都出于自然流露，然而这种自然的动作，却不是乱动，而是发自内心的情绪自然表达。

其三，天真烂漫，不虚伪。小孩子一定不要虚伪，想说什么就说什么。快乐高兴的时候，就尽情地放声大笑，不开心的时候，就大哭一场。随心所欲、童言无忌的孩子，才是人类最真实的生命状态。

孩子可不可爱，需要大家认同

生活中，我们经常听到一些父母夸赞自己的孩子“我儿子钢琴弹得可棒了”“我女儿会唱英文歌”……说实话，当一个家长夸赞自己的孩子时，很少有人会真心去听，因为每个人心中，都在夸赞自己的孩子。孩子的才艺和特长成了父母炫耀的资本，在父母眼里，好像孩子只有足够优秀，才是“可爱”的孩子。

其实，孩子可不可爱，大家一眼就可以看出来，父母自己讲出来是没用的，讲出来的别人也未必认同。父母夸赞孩子样样都好，觉得很可爱，别人以为这个孩子是神童，结果一看，并没有那么出众，就觉得不过如此。父母说孩子可爱，所有人看了都觉得言过其实，太夸张了，有这么好吗？这就像一个人想去看一部电影，事先就问看过的朋友的感受，当朋友说很好看，这人再去看，大多数都是失望的。因为他对电影期望太高，当真正看到剧情的时候，发现没有想象的那么好，回来就开始吐槽：根本不好看，某某还跟我讲好看。

所以，父母一定记住，不能当众过度夸奖小孩，否则孩子就不可爱了。每一个父母心目当中都是自己的小孩最可爱，但这是没有用的。你的小孩要让别人觉得可爱，他才能有发展。

孩子教育得是否成功，要看大家的看法。孩子是否可爱也不是父母自己说了算，要你的亲戚、朋友、邻居，大家都觉得他可爱，他才真的可爱。父母通常都希望自己的孩子比别人的孩子优秀，但是我们不要把自己的小孩拿去跟别人比，没有什么好比的。要让孩子自己和自己比，每天都进步。简而言之，孩子的可爱是大家的认同。**父母不去过多炫耀，也不要盲目比较，孩子自然能得到更多人的认可。**

可爱的孩子是如何教育出来的

那么，如何教育自己的小孩，才能让小孩得到大家的喜欢呢？

大多中国家庭都是只讲亲情不讲道理的地方。孩子做错事，不能骂他，也不能不骂，要用正确的方法去引导他，这是亲情。如果对就嘉奖，错就严惩，那不是家庭，是法庭。我们中国的家庭，父母应该用亲情来引导小孩，而不是自己当法官来断案。

教育孩子时，父母要走出一个误区：父母只能引导孩子，无法改变孩子。很多父母以为自己能改变孩子，我经常听到一些家长说："你看，我把我小孩教得爱整洁了。"我就会直接告诉他：孩子的改变无论好坏，大部分来源于自己的认识，学好学坏都是孩子自己做出的改变，父母只是进行了引导，而无法决定。

在家庭教育中，我一直主张身教大于言传。父母的口头教育不一定能起多大作用，而父母的良好品性、做好事、积上德才是教育出好孩子的关键。

有的父母每天忙得不可开交，孩子都成才；有的父母认真请家教，千方百计，却教不好孩子。经过我几十年的观察，发现凡是小孩循规蹈矩、按部就班、逐渐发展的，再去看他的父母，德行都很好。作为家长，应该端正自己的态度，以身作则，只有自己做好表率作用，孩子才能照着学习，变得更好。父母在品德修养方面多做示范，处处表现遵守规矩，严格约束自己，保持好习惯，孩子在耳濡目染下，自然就会被潜移默化地影响。这也提醒我们，父母教育孩子时，一定要尽心尽力。

可爱的孩子都懂得自爱

可爱的人具有什么共同的特点？就是都很自爱，可爱的孩子也要懂得自爱。

自爱就是保护自己。父母要教会小孩保护自己，不会自我保护的孩子在成长的过程中就会受到更多的打击和挫折，这不是一件好事。

比如，以前小孩在公园里玩滑板车，他看到大人过来了会让，这个小孩就很自爱，也很可爱。现在不是，很多小孩在人群密集的地方滑滑板、骑车、追逐打闹，看到大人也不让，经常不是撞到行人摔了跤，就是自己摔伤。如果你正好在那里，你会觉得这样的小孩可爱吗？所以说，父母爱孩子，首先要让他学会自爱。教会孩子从小学会自爱，才能让孩子变得更可爱。

培养独特的孩子

我经常听到一些父母对自己的孩子说："你看看人家，考了100分，你才考80分！""人家能考前十名，你又不比他笨，怎么就进不了前十名呢？"其实，家长们自以为的向上比较，不但无法激发起孩子奋起直追的斗志，而且还会让他们产生挫败感，甚至在孩子内心悄悄种下自卑的种子，使得孩子在成长过程中陷入自我否定和怀疑中。**比较的结果，往往是一个孩子本来有机会按自己的特长发展，却因父母的要求而被迫朝一个自己不擅长的方向较劲。**

尊重孩子的自然差异性

很多中国父母大概是望子成龙望女成凤的心太急切，看不得自己的孩子"落后"，在教育培养孩子方面，通常存在一个很大的问题，就是总拿自己的孩子和"别人家的孩子"做比较。于是，对自家的孩子横眉冷眼、吹毛求疵，对别人家的孩子充满宽容和赞许，这也成为很多中国父母的通病。

每一个孩子的体格、身高、体重、智力都不一样，连情绪也不一样，父母为什么要勉强孩子与别人一样呢？总是把你的小孩跟别人比，这是非常没有道理的事情。

在这里，我也不得不问一下各位父母：难道你们真的很想把自己的孩子培养得和别人家的一样吗？倘若果真如此，那么这样的家庭教育从一开始就错了。

家庭教育首先要承认孩子的自然差异性，把孩子教成不一样的人，使孩子成为他自己。这既是符合自然规律，也是符合“天命”的事情。

什么是“天命”？很多人认为中国人讲“天命”是迷信，其实，天就是指自然，自然给每个人都赋予一个不同的使命。所以，很多人后天的反应、发展其实和先天有很大关联。

如果我们不讲“天命”，还可以用另一个科学理论解释“自然差异性”。现代科学发现了DNA的存在，DNA作为染色体的一个成分而存在于细胞核内，功能为储藏遗传信息。那么有没有两个人的染色体是相同的？根据科学试验，这种可能性几乎没有。这也就意味着每一个人的生命信息天然不同，正如世界上没有完全相同的两片叶子，那么同样也没有完全相同的两个孩子。

孩子的个别差异一开始就是自然的安排。一个家庭的环境适合于教养什么样的人，这是最好的配合。

古语有云：近朱者赤，近墨者黑。这个观点放在家庭教育中也同样适用。简单理解就是，不同的家庭环境和教育方式，会培养出脾气秉性、言行举止截然不同的孩子。

比如读书人的家庭，多半孩子都比较文弱，将来也是往读书方向发展；做生意的家庭，孩子从小就跟着父母做买卖，他长大可能也会想创业，做一些买卖。无论孩子做何种选择，父母只需进行科学引导即可，不要试图去改变或勉强孩子。

此外，我还建议父母，不要对你的孩子有过分的奢望。人的智力水平，一生下来就有上、中、下之分，要求每个人都要考100分，那不可能。如果都考100分，那肯定有人说是题目太简单。如果都考60分，那又有人说题目太难。每个人都考得不一样，就智力方面来说相对公平。

有的孩子读书不出色，但是他在别的方面却很擅长，父母如果可以抓住这些方面重点培养，说不定孩子将来会成为这个方面的优秀人才！

因此，父母应该懂得，每一个孩子都有自己的“自然差异性”，这种差异性也就带来了不同的创造性，**每一个孩子都会对他遇到的事情做出自己的反应和思考，每一个孩子都在努力塑造自己。**

发现孩子的独一无二

每个孩子生来就是独一无二的。

现在的家庭教育最大的问题，就在于抹杀孩子的“与众不同”。我常听到有一些父母把“你看看人家是怎么做的，你怎么总出新鲜的”这种话当作口头禅。

这些“专制”式的家庭教育，让我们的孩子渐渐被“同化”，他们不能自由地表达，不敢与众不同，所有价值观都要标准化。这样做的结果就是，很多有个性、有潜能的孩子活在大众化的标准里，独特的价值被掩盖。

但这也并不意味着父母不能影响和引导孩子，而是说我们不能依照自己的意愿去塑造孩子。**作为父母，责任是引导孩子，用赏识与信任引导孩子去认识和发现自己。**

每个孩子都是与众不同的个体，重要的是父母要善于去发现和挖掘出孩子与众不同的特质。聪明的父母在教养自己的孩子时，从不与其他孩子做比较，而是和孩子的过去比。父母更多地关注孩子自身的成长，自我的进步，发现孩子成长过程中的独特之处，给予孩子更多的鼓励，会让孩子更加自信，对于成长的渴望也会更强。

帮助孩子找到喜欢做的事

当孩子的心智还不够成熟时，父母不能完全任孩子自由发展，也不能勉强他一定要走某条路。父母应当帮助孩子认识自己，找到自己喜欢做的事。

教孩子判断哪些是自己喜欢并擅长做的事，其实很简单。父母可以告诉孩子，当去做一件事情，觉得很单调、乏味，特别不想做的时候，这件事大概就不是他喜欢或擅长的事情。如果做这件事的时候，感觉很兴奋，再辛苦也不觉得，那这件事就是喜欢或适合他的。

比如，我们在家里面，可以设置很多东西摆在那里，然后让小孩自己选，他喜欢做针线，就让他做针线，喜欢整理鞋柜，就让他把鞋柜整理好，他要做什么，父母都不要持有任何意见。小孩就会自己摸索，不喜欢就换一件事情做，慢慢来，不合理的地方就调整，一直做下去，他就会慢慢找到他喜欢做的事。

包容孩子的尝试和摸索

让孩子自己去摸索，并不是父母放任不管。父母要告诉孩子，让他自己去摸索喜欢做的事情，但这个摸索要在一个合理的范围内，而且在应该做的事情上面，这样的引导才能事半功倍。

这个摸索的过程可能很长，对于一些孩子来说，可能一开始并没有找到喜欢或擅长做的事，还要经过反复的改变。摸索的过程也不会都是顺利的，这就要求父母对于孩子要抱有包容的态度，不能在孩子一出现错误或偏差就马上反对。

有一个新闻，说一个学习成绩优异的男孩子，考了一所名牌大学，父母很为他感到骄傲。可是，好不容易盼到他本硕连读即将毕业，这个男孩子却突然决定放弃自己原来的专业。原来，他无意间看到了一个做面包的节目，突然萌生了开一家面包店的想法。他的父母知道了这个想法，非常吃惊，于是反对儿子这样做。这个男孩子就坦诚地和父母沟通，说原来的专业并不是自己的兴趣所在，希望可以为自己重新做一次选择。最终，父母理解了儿子的想法，并给他提供了一些帮助。这个男孩子也非常了不起，靠自己的努力，开了两家面包店，并且经营得很好。

这件事肯定有很多人不赞成，认为这个男孩子是资源浪费，父母不应当任由他轻易改变人生方向。我想问大家：读书为了什么？读书就是为了让一个人成为他自己，拥有更多的可能去选择属于自己的人生。在这一点上，这对父母的做法是值得人尊重和理解的。

“三代同堂”的家庭教育模式

现代社会中，年轻父母热衷于向育儿专家学习怎么做父母，怎么进行家庭教育。这些育儿专家讲的，大多是西方的家庭教育方式，西方和我们的社会背景、文化传统、家庭生活习惯都是不同的，因此不能照搬。

其实，我们中国有一套非常简便而有效的家庭教育模式，只不过现在很多人不知道。我要告诉现在的父母，要教育好你的小孩，做到一点就差不多，叫作“三代同堂”。中国特有的“三代同堂”的家庭教育模式，里面有老年、中年和小孩，老中少都有，这是最好的一个环境，最好的一个单位或者说最圆满的一个组织。

“三代同堂”使孩子心中有尊长

中国社会不是以个人为单位，而是以家庭为单位，这是我们的社会特色。小孩出去，人家一般会习惯先问，这是谁家的孩子，而不是像西方一样，直接问小孩的名字。这也是对祖辈的尊敬，以及沿袭下来的传统。

所以，我们中国人教育孩子的时候，都要有一个共同的内容：让孩子心中有尊长。如果孩子的心中没有父母，你怎么教都教不好。

教育孩子心中有父母，能使他在做一些事情的时候更加谨慎地斟酌、思考，考虑什么可为什么不可为，有些事情不敢做也不能做，是因为会惹父母不高兴或伤心。如果孩子心中没有父母，他一出去就什么都可以做，不会想到父母会是什么态度或情绪。

那么，**教育孩子心中有尊长、常挂父母最好的办法，就是父母自己的身教**。

这时，“三代同堂”家庭就能显现出独特的优势。比如我们和老人住在一起的这种家庭环境，你早上起来第一件事情，就是去和自己的爸爸妈妈打招呼，询问一下昨晚睡得怎么样，早餐想吃点什么；晚上睡觉前跟父母道晚安并帮他们准备好夜里要喝的水。这时，小孩每天看在眼里，他就知道了，他起床后或睡觉前都要先来看看你，问候一下。这个在过去的中国传统家教里面，叫作早晚要向父母请安。这种照顾父母的礼节，或许你跟孩子讲一百遍，他都不以为然，倒不如从自己做起，他每天看在眼里自然而然就懂了，并会加以学习。

如果这周末已经计划好去哪，不能到了当天早上才跟父母讲。提前两三天就该讲了，让父母心里有个准备，他就不会突然间觉得，你怎么又出门了。这些都是生活中的点滴细节，让孩子知道“心中有尊长”应该怎么做。

“三代同堂”使孝敬父母成为自然

“三代同堂”的家庭使得我们身教起来更直观且方便。你怎么对待自己的父母，你的孩子都能亲眼看到，亲耳听到。你也不必耳提面命地教他要孝顺。因为告诉孩子长大要养我、孝顺我，这种话很难启齿。

为人父母一定要谨记，不要对孩子说“我现在养你，你以后要养我”这样的话。长久以来，我们的认识上大多在强调养儿防老，其实这个观念本身就存在问题。父母对孩子说，我现在养你，你将来养我，那就是把这件事当作生意看待，或者可以视为投资放债。为什么过去中国家庭多重男轻女，其实有一部分原因就是有投资放债的想法，投资在女儿身上，回报率较低，投资在儿子身上，回报率较高，所以父母就把钱都投资在儿子身上，但这不是正确的家庭教育观念。

很多人说孝顺是人的天性，我也不赞成，孝顺父母不是人的天性，如果是人的天性，我们就不需要教他，这是后天养成的习惯。

如何教育孩子孝顺父母才有效呢？

方法很简单，家长用心去培养教导孩子，并用自己的实际行动作为示范，孩子将来长大了，他也会供养父母，这是很自然的事情。

而且，我也一直反对有的家长标榜自己，老了也不给儿女添麻烦，不需要他们照顾。或许有一些家长属于比较幸运，自己有经济实力，感觉不用孩子供养，其实那是他还没有到那个时候。大多数父母，老了以后还是需要孩子的照看。所以，当父母上了年纪后，孩子自发地去奉养父母，这是他的一份孝心，我们不能阻止，但是也不能要求或强求他。动不动就硬性规定，你一个月给我多少钱，不然就是不孝，这算什么呢？如果父母强迫孩子，给孩子灌输孝顺自己的观念，或抱以投资的心态，孩子长大后反而可能会跑很远，最后就是不孝了。

养儿防老自然产生的成果很好，如果事先作出预期，然后抱以投资的心态，动机不良，结果也就可想而知。

孩子的孝顺从哪里来？从父母的行为中来。“三代同堂”是最好的家庭结构，有助于教育孩子要有孝心。你自己对父母孝顺，孩子从小就看到，自然就孝顺了。只要他有一份孝心，长大后只要有能力做得到，自然会供养你，即使他能力做不到，也必然会尽心尽力。你自己孝顺你的父母，孩子自然就跟着孝顺了。

有人会说，我条件不允许啊，怎么把老人和小孩接到一起住呢？其实，我们说“三代同堂”，不一定就要和老人住在一起才叫“三代同堂”。即使不住在一起，你时常带着孩子去父母家看望，多往来，多关心，跟住在一起一样，照样可以达到教育孩子的效果。所以，我一直认为很多时候教育过于形式化没有用，而培养孩子的“心意”更重要。

化解“三代同堂”家庭教育中的困扰

“三代同堂”的家庭当然也有利有弊。有老人帮忙照顾孩子，年轻人可以安心地去工作，教育孩子方面出现难题，老人也能提供一些自己的意见和经验，可以取长补短。比如孩子的劳动观念、礼貌、勤俭等，往往为老人所重视，却是年轻父母容易忽视的“细枝末节”。然而，这正是当代独生孩子最具软肋的地方。

但是由于两代人在管教孩子方式上有差异，或所持的观点存在分歧，“三代同堂”的教育模式也往往给父母带来困扰，怎么办呢？有以下几点需要注意：

老人管教孩子的时候，父母有异议也尽量不要当着孩子的面指出来，不要降低长辈的教育权威性，特别切忌当着孩子面说：“您那一套经验，都是几十年前的老古董了。”有些孩子会利用两代管教者间的矛盾，来实现自己的目的，会助长孩子投机取巧的习气。还有些孩子则会陷于父母和老人的分歧中，不知所措。

父母事后可以和老人们多沟通，沟通的形式有很多：如找一些育儿杂志或上网收集一些信息，有意无意给长辈看看；聊聊邻居家朋友的好的教育方法。沟通时态度要诚恳，不要绝对否定老人的观点。更不要纠结于谁对谁错，因为大家的出发点都是好的。处于这样模式的家庭，关键在于平时多商量，逐步取得共识，并且在这个过程中要尊重长辈。

在教育孩子方面，我们还要细心地观察孩子身上出现的新动向，并主动向老人询问交流，听听他们有没有合理的意见，有助于提高教育质量，让孩子健康成长。

如果两代人之间无法形成一股教育合力，那么对家庭的每一个成员都会造成某种伤害。如果分工明确、配合默契，方式方法恰当，“三代同堂”的家庭教育则会在孩子的成长过程中发挥很大的作用。

“三代同堂”家庭教育的问题，归根结底还是家庭关系问题，家庭应以孩子的健康成长为核心，尽量运用一种规则和一套标准去教育孩子。

我们是在讲对人最自然，最有好处的生活方式，这种法则不能变。时代再怎么变，对人类最有利的生活法则自古至今都没有变。重视“三代同堂”的家庭教育，父母就会在教育孩子方面做得更圆满，会影响孩子的一生。

第二章
当下的中国家庭教育丢了什么

父母权威的树立，必须建立在尊重孩子人格的基础上，而不是传统的家长制上。明智的家长不仅懂得权威树立的重要性，更懂得权威的树立不是靠压制，强求、主观臆断，而是采用刚柔相济的方法。

父母的“权威性”

很多父母都有一个相同的苦恼：不管怎么教育，小孩子都不在乎，怎么打骂，孩子照样顽皮。大家都感叹，现在的孩子真是越来越难管教了。父母们要是总感到跟孩子讲不通道理，原因就在于，父母在孩子的心目中，没有了权威性。

究竟什么是权威性？就是指父母在孩子身上所体现出的权力和威力。比如，孩子再怎么忙，只要你一出声，他就很注意听，这就是你的权威，哪天小孩一玩起来你讲什么他根本不听，你叫他，也不理你，这就是父母在孩子心里没有权威性。

没有天赋权威，先成为合格的父母

我曾听到过一位父亲向孩子问出这样的话：“你怎么放学后又不写作业，敢不听我的话？”，其实这些都是废话，小孩没有当面顶撞，他心想：爸爸又怎么样，爸爸又不是神，为什么就要听你的？所以，家长完全没有理由认定“我是父母，天生就有这个权威”。

父母自认为，我当了爸妈就有权威，孩子就要百分百服从于我或听命于我，这是家庭教育中最大的认知误区。父母并没有天赋权威。

那么，父母如何才能获得这个权威呢?

父母要从自身做起，自己平时注意修己，不任意所为，有爱心，有责任感，做事有毅力、有恒心，才能逐渐在孩子心目中树立起权威。可以说，权威是父母以身作则获得的，既不是天赋，也不是在养育孩子的过程中自然而然就形成的。

父母权威的获得，要以身作则，通过自己的言行举止，对孩子产生影响，使孩子认同。父母不能靠对孩子进行灌输或镇压，那样不但不能树立自己的威信，还会让孩子产生叛逆心理。只有当自己的一言一行在孩子内心产生反应，孩子从心里面感觉到自己的爸爸妈妈是对的，是让人尊敬的，他才会对父母的意见非常在意，才会很高兴参考父母的建议，对于父母的批评也能够虚心接受。

所以，父母们不要过于急切地建立自己所谓的“权威”，应该做的是，先成为一个合格的父母，正确地履行自己对孩子应尽的义务和职责。如果你已经尽到了自己做父母的责任，向孩子奉献出了无私的爱，并在各方面都做出了表率，孩子也会发自内心地尊重你，你作为父母的权威自然而然就会建立起来。我们常说父母是孩子的第一任老师和第一责任人，父母是孩子的镜子，对于在孩子身上出现的问题，究其原因在父母身上都有所体现。当父母当着孩子的面说一套，私下却又做一套时，如何教育孩子？孩子又怎么会听你的教育？**言行不一致的父母，在孩子心中的权威性会被严重损害，长此以往也不利于亲子关系的融洽。**

家庭教育的特点应该是“潜移默化”的，如果父母要求孩子做到的事情，自己却没做到，父母的权威性自然会大打折扣。只有言行一致，父母的权威性才能不树自立。

权威不是父母专制的“一言堂”

有的父母认为，用权威来管教孩子时，必须要始终贯彻一种严苛的态度，或向孩子下达命令时无须做任何解释。其实，这种观点是父母对“权威”的片面理解。仅让孩子感到恐惧是不足以树立权威的，真正的权威应该出自一种敬爱。

用怒吼、瞪眼、体罚等办法只会让孩子感到恐惧，也许他能服从命令完成某件事，但他内心依然是不认同的，不是主动地且自愿去执行的。尤其当孩子长大后，他的反抗意识会更加强烈。最终，不仅是父母的权威会受到打击，而是凡是带有任何强制性的要求，都可能遭到孩子的反击。

如今有人提倡“虎妈”“狼爸”式的教育，在我看来这就是一种专制、暴力的教育方式，缺乏民主平等意识、不尊重孩子的权利，这种教育方式是不可取的。相反，父母的权威应该以爱为前提。

父母权威的树立，必须建立在尊重孩子人格的基础上，而不是传统的家长制上。明智的家长不仅懂得权威树立的重要性，更懂得权威的树立不是靠压制，强求、主观臆断，而是采用刚柔相济的方法。

我一直坚持，科学的家庭教育需要权威和民主并存。父母一方面要以身作则严格要求自己，树立权威和威信，另一方面也要给予孩子理解和宽容。需要提醒的是，对孩子的严格要求跟让孩子自由并不矛盾，**权威不是专制，民主也不是溺爱**。

父母力求做到对孩子爱而不娇、严而不厉、管得有理。这样的父母一定会有很高的威信，这样的教育也一定能让孩子心悦诚服。

温和的权威同样有力量

父母的权威性，不一定就是板着面孔，大声吼叫，还可以用一种温和的表达方式。父母采用的方式越柔和，在表达自己要求时的态度越亲切，孩子所受到的教育效果往往越好。

在孩子心目中，有权威性的父母，只要向他们提出合情合理的要求，他们多半会好好去做的。生活中，我们常听到父母说：“你能暂时放下手中的玩偶吗？帮我把这本书放回书桌上。”或是说：“再过十分钟，你必须收拾好玩具，准备上床睡觉，到时我会叫你。”又或是用一句“看看几点了”以此提醒孩子到了上学时间。

孩子如果认可父母的权威性，就算父母不用大声吼叫的方式，孩子也会乖乖听话。这也是我要强调的，**父母行使自己家庭教育的权威性，仍然需要让孩子感受到爱、信任和依赖**。

父母意见的一致性

有一位爸爸和自己的妻子在教育孩子方面矛盾重重，甚至经常为此发生争吵。他举例说："孩子每天在家没事就玩手机，我一批评他，他就哭着跑去找妈妈。妈妈赶忙拿出手机给孩子，还说看一会儿怎么了？这样一来，我根本没办法管孩子。"

日常生活中，类似的事情在很多家庭中都会出现，妈妈这边刚和孩子定了一个规矩，结果到了爸爸那边就完全失效了。在当今社会，父母教养孩子意见不一致的现象很普遍。一方面是因为夫妻没有及时沟通，另一方面，父母在教育孩子方面缺乏共识，完全凭各自的心情来教育。

父母要坚持共同的立场，孩子才能有相对稳定的标准来遵循，并在生活中逐渐养成习惯。父母能否相互配合，以相对一致的观念共同实践对孩子的教育，是家庭教育中非常重要的因素，对孩子的成长具有重要的影响。

父母意见不一致，对孩子危害大

在家庭教育中，如果父母经常各执一词，态度大相径庭，爸爸讲爸爸的一套，妈妈讲妈妈的一套，各持己见，孩子就会无所适从，不知道应该听谁的。这等于鼓励孩子在父母之间有不同的行为表现，在爸爸面前是一个样，在妈妈面前又是另一个样，养成投机取巧的坏习惯。

比如，孩子喜欢一个玩具，跟妈妈要得不到，便去找爸爸讨，爸爸就给孩子买了。一件事情爸爸不允许，但是妈妈却喜欢，孩子就在妈妈面前做，反正爸爸也不会怎么样。孩子从小养成投机取巧的习惯，就会对人格的发展产生十分不良的影响，将来一辈子都受害。长此以往，孩子的是非观也会变得模糊不清。

而且，教育意见不一致，还会直接影响父母在孩子心中的权威性。特别是在孩子面前发生争执，甚至彼此否定对方的时候，孩子会对父母产生怀疑，从而降低父母的威信，影响教育的效果。无论父母哪一方过于严厉或过于放纵，若在孩子的教育过程中暴露出分歧或矛盾，都会带来不良的影响。

因此，家庭教育的首要原则，就是父母双方针对孩子的教育达成共识。关于这个问题，我们提出以下几个方面的意见，供父母参考借鉴。

父母要有共同的立场

父母的管教态度，必须立场一致。父母要联合战线，只有采取一致的立场、态度以及方向，才会让孩子明白：爸爸不喜欢的，妈妈一定也不喜欢，去哪里试都没有用，倒不如照要求去做好了。

当然，父母面对孩子难免会有不同的意见和看法，但应避开孩子私下进行沟通，更不能在孩子面前发生争执。比如关于孩子入学、择校等重大事宜，父母最好事先了解孩子个人的想法，然后仔细权衡利弊，形成一致的结果之后再向孩子宣布。日常性的事宜，按照前面所说让爸爸当“家长”的原则，由爸爸做主即可。有时某些具体的意见，父母不可能完全如出一辙。但是最起码在孩子面前，不要让他感觉到分歧，否则会大大抵消教育的功能。

这件事情上有的父母做得非常好。妈妈跟孩子在说某件事情，一旁的爸爸觉得这样很不妥当。但是爸爸不会马上当着孩子的面讲反对的话，反而是一句话都不说。妈妈看到爸爸这样的表现，就意识到爸爸应该是有其他的看法，马上就不再继续说下去。然后两个人关上房门再来商量，等到有一个合理的意见，再由妈妈跟孩子去讲。另外，父母最好也不要朝令夕改，否则也会令孩子不知所措。

不可出卖彼此讨好孩子

父母任何一方，千万不能以出卖或者牺牲另一方的方式来讨好孩子。不管有意无意，都不可以在孩子面前数落另一半的过失，更不可以明示或暗示自己比另一半更疼爱孩子或更为孩子着想。

比如妈妈偷偷给孩子十块钱，还告诉他不要跟爸爸讲，这就让孩子感觉很奇怪：妈妈为什么这样做呢？那我也可以这样做吗？爸爸也不能因为平常忙，陪伴孩子的时间少，为了让孩子觉得自己是个好爸爸，周末就带孩子出去乱花钱。这种所谓的补偿，其实是在讨好孩子而出卖妈妈。

孩子所需要的是父母完整的爱，而不是单一方面缺陷的爱。孩子对父母之中任何一方产生偏见或偏爱，都会在教养孩子方面造成不良的影响，应该尽量加以避免。

父母巧妙配合，共同完成对孩子的教育

孩子对于正面的教训，总产生一种抗拒心理，往往会认为：你们大人是为了自己的方便，不然讲这么多废话给我听干什么？所以有些道理爸爸说出来没效果，妈妈说出来也当耳边风。但是对于大人的聊天，孩子却非常有兴趣，尤其越小的孩子越是这样。父母通过提前的沟通，将想要灌输给孩子的道理融入对话中，借助相互聊天的方式，把戏演得很像，台词对得吻合，讲出一些道理给小孩听，就会非常有效。

比如一个小女孩常常把妈妈的口红涂得满脸都是，而且屡教不改。她的理由

很充足：为什么妈妈可以涂却舍不得给我用？所以就算当面不敢涂，背后她还是偷偷涂。这时父母就可以采用聊天演对角戏的方式来教育她了。

晚饭桌上，妈妈一边吃饭，一边问爸爸："你最近看到小丽没有？"爸爸这时如果马上说"有"，小孩就提高警觉了：你们又在骗我了。所以爸爸要装得很像，问妈妈说："哪个小丽？"妈妈说："就是朱太太的小女儿，你还记得吗？"爸爸一副不经意的模样说："哦，你说那个小丽呀，吃饭的时候还是不要说了。"妈妈问："怎么不要说了？"其实父母的这些话，旁边的小女儿一直都在很留心地听。但是，爸爸假装根本不在意她，只顾继续跟妈妈说话："她前两天住院了，被医生在脸上开了好几刀，搞得满脸很难看。"妈妈连忙问："为什么开刀呢？"爸爸很恐怖地回答说："还不是因为她老要用她妈妈的胭脂口红乱涂，涂到最后脸上居然烂掉了一块。"小女儿从此再也不动妈妈的口红了，吓都吓死了，还敢去乱涂？

孩子开始并没有财产归属权的观念，如果第一次拿了家里的钱出去，父母就认为他是偷，他就真会偷给你看。如果遇到了这样的事情，爸爸妈妈配合聊天、旁敲侧击的方式就相当有效果了。

妈妈问爸爸："桌上的钱，是不是你拿的？"爸爸说："如果我拿了，一定会告诉你，因为我不是那种随便拿人家钱而不说的人。"其实这些话都是说给小孩听的。妈妈说："是呀，如果你不讲就拿了，人家还以为你偷了，事实上你是没有偷的。"这时候小孩就会跟妈妈说："我真的不是偷，我只是不知道那个钱不能拿。"妈妈说："没关系，没有人说你偷，我们家从来没有人偷东西，不过以后你要注意，免得外面的人以为你有不好的习惯。"这样小孩子很快就会改正过来了。

还有些时候，妈妈对爸爸说："你早上上班的时候，交通很拥挤，对不对？"爸爸说："是呀，就是不守时造成的，我就晚了五分钟，却增加很多麻烦。"这些有什么好谈的？其实就是为了告诉孩子：要有时间观念，早晨不能赖床不起。爸爸吃饭的时候说："我以后要少吃一点，因为最近吃多了，总是觉得不消化。"这话是爸爸讲给妈妈听的吗？分明是讲给孩子听的。妈妈说："对呀，我现在做饭盐也不敢放太多，因为太咸了对身体不好。"这些话孩子都听得懂。

生活教育是要在生活当中去教导孩子，而不是拿书本让他去背大道理。吃饭、聚会，大家在一起聊天是最好的教育时机。聪明的父母利用一家人用餐的时间，透过聊天的方式说一些问题，讲一些道理，让孩子自己去了解。孩子把道理听进去了，功能就发挥出来了。这才是真正懂得什么叫"儿童本位教育"的父母。偏偏很多父母用餐时看电视，既破坏神经，又伤害肠胃，把全家人快乐学习的大好时光全都浪费掉了，实在很可惜。

父母的配合还表现在有一些话，父亲要通过母亲、母亲要通过父亲跟孩子讲出来。比如妈妈跟孩子说："你这次考得比上次好，爸爸很开心，你不要看爸爸表面上好像无所谓，实际上他很关心你。"爸爸并没有讲话，但是孩子感受到了。爸爸跟孩子说："这次母亲节你表现得很好，妈妈很开心。"他也感受到了，但是妈妈同样没有讲。彼此交换去讲，比直接去讲功效要好得多，这种方法可以一直用到孩子长大。说到底，父母教育孩子一定要有巧妙的配合，而不是只有为人父母的心就够的。

宽严相济，父母要有合理的教育分工

人要有所敬畏，尤其是孩子更是需要如此。中国人称自己故去的父亲为先严，母亲为先慈。在家庭教育中，我们也是主张父严母慈，这是一种十分合理的教育分工。因为妈妈跟孩子相处的时间比较多，如果也像爸爸一样十分严厉，一方面孩子心理上承受不了，另一方面也会对谁都不敢说心里话，从而产生沟通隔阂。

所以父亲要严，母亲要慈，父严母慈才有办法把孩子教导好。当然，妈妈也不能就此将爸爸牺牲掉，爸爸发了脾气以后，妈妈还要缓和一下："爸爸不是喜欢骂你，他常在我面前夸你可爱，这样教导你其实是为你好。"这才是妈妈的工作。

假如，女儿十四岁了，晚上十一点还没回家，你会怎么样？如果完全不在乎，还算什么父母？可是着急也没有用，只能乖乖地等她回来。到了十二点，女儿回来了，你怎么处理呢？如果你骂她，她可能掉头就走，下次彻夜不归，父母又能怎么样呢？

中国人的方法最简单，女儿很晚了没有回来，父母一定很着急，根本不可能安睡。但是听到门铃响的时候，不要马上去开，让她多按几次，然后最好是爸爸去开门。爸爸开门的时候，要装作睡着了被惊醒的样子，先看看女儿，不要讲话，然后再看看墙壁上的钟，也不要讲话。父女二人都不讲话，都回去睡觉。这样女儿才会反省自己。第二天早上，她会去跟爸爸讲原因："爸爸，对不起，我昨天因为同学生日晚会回来晚了。"爸爸说："没有关系，我睡得很好，倒是你妈妈整夜没有睡着觉，你去跟妈妈讲好了。"女儿就去跟妈妈讲，妈妈说："我睡得很好，不用跟我讲，你爸爸整夜没有睡，去跟爸爸讲。"经过父母这样一个共同配合的过程，女儿才能真正记住这个教训。

我们主张严父慈母，不管怎么说其实是有些牺牲父亲、爱护母亲，容易把男尊女卑的成见曲解为父权至上。父亲除委屈之外，又增加了许多冤枉。现在很多母亲喜欢斥责孩子，反而是平时不大接触孩子的父亲偶尔买些东西回来，逗得孩子十分开心，难道这样的改变是好的吗？

一个小女孩跟妈妈外出，蹦蹦跳跳地在前面跑。这时一辆自行车从后面驶来，妈妈大声喊让她赶快躲开。小女孩完全没有理会，最后被车子撞倒了。送到医院后，妈妈跟她讲："我刚才那么大声叫你躲开一点，你为什么不听呢？"小女孩难过地说："你每天回家叫我拿拖鞋那么大声，吃饭拿筷子也那么大声，刚才喊我躲开，我以为又是那些事情，就没有注意听。"假如母亲平常声音低一点，这个时候再喊躲开，孩子就知道一定有什么问题。一直很大声，孩子听惯了，就变得麻木了。这些都是父母需要反思的地方，不能去怪孩子。

教育孩子的过程中，如果父母出现意见不一致的情况，不必惊慌失措，多点理智，看看孩子到底需要什么。千万不可夫妻两个人吵得不可开交，一定要争个孰是孰非，最后孩子没有教育好，夫妻也做得不愉快。

要记住，家庭教育不是父母一方的事情，父母要互相配合才能把家庭教育做好，这是孩子一生人格的基础。

家庭教育的基本原则

有个邻居家的小女儿向我倾诉她的苦恼，她说："妈妈从小就告诉我，你只要学习好，我就会高兴。于是我就听妈妈的话，努力学习，每天在家的时间不是写作业就是看书。一天吃完晚饭，我刚要回房间学习，妈妈却有些不高兴地说'你只会读书，读死书，真是其他一点都不懂帮我分担，这么大了连碗都不洗。'我真是觉得莫名其妙，到底哪个更重要？"

其实，小女孩的困惑不难解释，吃完饭后洗碗重要，而洗完碗后，做作业就比较重要了。由于在不同的情境下，家长不仅对孩子的要求有所不同，而且讲述的道理也无法全面详尽，于是孩子难免会觉得大人变来变去。

所以，父母在教育孩子时道理可以有所变动，但要坚持一些基本原则，否则小孩整天猜来猜去的，他根本猜不到。这也就要求，父母进行家庭教育时要有弹性，不要一味地要求孩子懂事听话，重点是要让孩子能自己开动脑筋，灵活多变、举一反三。听话的道理是死的，而动脑筋的道理就变活了。

但是孩子的接受和领悟能力是需要逐渐增长的，我建议家长教育孩子时从固定的常识道理开始，尤其是孩子年纪越小，越给他固定的常识或道理，让他循序渐进地去学习。然后慢慢地过渡到变动的道理，让他有更多思考的空间。

总之，教育孩子的道理可以因具体情况发生变动，但是有一些原则不能轻易变动。如果家长们掌握了下面这六大基本原则，家庭教育就会走出一些教育的误区。

对孩子的好坏行为，父母要奖惩分明

古人常说“善有善报”，在家庭教育中也可以解释为小孩做的正确的事情，家长一定要给他奖励，小孩子做错的事情，家长也一定要给予不同程度的惩处。

父母在家庭教育中，持有这样的正确因果观，也就能让孩子明白受到表扬、鼓励和遭受批评、责罚，都是有原因的，这也有助于孩子树立正确的价值观。

但是奖惩孩子时的方法要正确，方向要对，方式也要合适。如果孩子做了好事，父母最好不要公开去给他过多的褒奖，这样孩子容易骄傲，我建议父亲透过母亲，母亲透过父亲讲出来。比如，妈妈说“你这次考得比上次好，不要看爸爸表现得很无所谓，实际上他很关心你的”，小孩子感受到了，但是爸爸没有讲。或者爸爸说“这次母亲节，你帮妈妈做家务表现得很好，妈妈特别开心”。孩子就感受到了，但是妈妈没有讲。彼此交换去讲，比你直接讲，功效要好很多。我建议这种方法，可以一直用到小孩长大。

父母还要谨记，孩子犯了错误，家长没有及时指出并进行惩戒，孩子就意识不到事情的严重性，有一次就有两次，有两次就有三次，最后就会到不可挽救的地步。任何事情，刚开始就加以注意，比较容易，等到问题很严重了谁都无能为力。

所以，父母教育孩子在是非问题上一定要把握住原则，坚持奖惩分明，千万不得忽视。

鼓励孩子勇敢尝试　不怕失败

小孩考试考得不好，首先父母就流露出失望的神情，甚至会责骂他，在他心里一直认定，自己不能失败，必须每次都拿第一，因为他是父母的骄傲。有时候，不是孩子抗挫力差，而是父母不允许孩子失败。父母越不允许孩子失败，孩子就越害怕失败。

父母对孩子高要求，希望孩子成绩好是理所当然的事。但是鼓励孩子成功和允许孩子失败并不矛盾。我们应该告诉孩子失败并不可怕，并多鼓励他勇敢去做出各种尝试，迎接挑战。

“爸爸，我总是踢不进去球门，还是你来踢吧！”

“妈妈，我画不好，你来帮我画好不好？”

“不要！我不要玩了，再玩我又输！”

……

生活中，父母是不是还经常听到孩子说这样的话。大多数孩子很容易“输不起”“害怕失败”，遇到一点失败就备受打击，意志消沉，或是因为害怕失败而干脆逃避困难和挑战，不敢轻易进行尝试。

我经常说，与其晚失败，不如早失败，与其早成功，不如晚成功。父母聊天要把这个道理讲出来，小孩子慢慢会听懂。我们现在小孩都怕失败，怕失败的人什么事情都不敢尝试，不敢尝试他就永远不会学习。父母要鼓励自己的孩子大胆的去进行尝试。

而且，我还一直跟我的孩子讲，**中国人的字典里没有失败两个字**。我们只有疏失和过错，没有失败。因为人一承认失败，就会兵败如山倒，整个士气都没有了。中国人永远是前进的，如果打仗打输了怎么办？调过头来，继续前进，从来没有说过中国人后退，继续前进，只是方向不一样，这是标准的中国人。

因为我们不能认输，一认输，整个都完了。但是我们也要承认自己的错误或过失，要进行弥补、补救，从失败中去找寻教训，积累经验，丰富阅历。不要总说我认输，我失败了。父母从小就培养孩子这些观念，他这一生都不会畏惧艰难险阻，而是迎难而上。只要孩子坚持不怕失败，不服输的信念，经过磨炼，总会有成功的一天。在培养孩子的过程中，父母不要急，所谓大器晚成，正是如此。

不要让孩子背负家长的梦想

不少父母总喜欢把自己未能实现的梦想，完全寄托到孩子身上，这就把孩子当成做梦的材料了。比如爸爸这辈子就没有当成画家，很遗憾，于是，就要孩子好好学画画，除非孩子也同样感兴趣，或有这方面的才能，否则你这么做就是强人所难，孩子的内心会非常的苦恼，带着父亲的任务也学不好。

所以说，父母不要把没有完成的事情，全部交给孩子来完成。因为孩子有自己的爱好和特长，他也有需要自主选择做的事情。父母只需告诉孩子，做人要守规矩，养成良好的习惯，而没有权利要求孩子去为自己圆梦。

我再重复一遍，孩子是父母所生，但不是父母所有，父母没有所有权，更没有绝对支配权。**孩子有自己的愿望和梦想。他的梦不一定是你的梦，不要勉强他，否则也是徒劳无功。**

不要把孩子当开玩笑的对象

生活中，朋友之间偶尔会开玩笑，有时候又会弄得很别扭，甚至有的朋友经常会因为开玩笑而翻脸。所以，我常常劝人家，一个人最好的办法是开自己的玩笑，现在流行的说法叫“自黑”，而不是一味开别人的玩笑。

偏偏我们很多人都喜欢开别人的玩笑，比如你说“像我这样笨可以”，但是你说“像你这么笨”，对方就要揍你了。你说“没有想到我会这么傻，我那天闹了大笑话”，可是你讲到别人，他就会不高兴。因为人都有自尊，不容许侵犯，小孩也一样，不过还是有一些家长经常拿小孩开玩笑。孩子不是父母的玩具，他是活生生的一个人，我们做父母的，经常高兴起来就逗小孩，就跟他开玩笑。

比如说你这么没有出息，说的都是开玩笑的话，小孩可能会当真，因为他分不清楚什么是开玩笑，什么是真的。于是就让孩子容易产生自卑感。有的父母还喜欢给小孩化妆，让他穿奇形怪装，逗人家笑，这些做法都不对。

不要把孩子当“出气筒”

做父母的要时刻记着，孩子是你教育的对象，而不是你出气的对象。高兴就捧，不高兴就打，或是把他踢出去给他难看，这些做法都不对。父母情非得已之下打骂孩子，应该也只有一个目的，让他知道自己的过失在哪里，让他把不好的习惯改掉，这才是正当的做法。

如果父母因为自己在工作中或生活中遇见了烦心事，而把负面情绪发泄到孩子身上，就太不应该了。

所以，我常常跟父母讲，在你很生气的时候，最好的办法是什么？就是暂时出去一下，不要在家里，出去呼吸一下新鲜空气，走一走，回来就没事了。一个人有脾气就发出来，对自己很不利，怒伤肝，父母要学会稳定自己的情绪。**千万记住，人要稳定情绪而不是控制，学会稳定自己的情绪，就不会起伏太快。**

又或者我看很多人把烦心事写在纸上，又不可能真给对方看。第二天一看，怎么气成这个样子，把它撕掉了，气就消了，有很多方法来发泄情绪。不是控制情绪，也不是压抑情绪。

家庭教育的目的应该是让受教育者收获最大化，而不是让家长最大限度地发泄自己的情绪。

赏识孩子的努力而不是聪明

中国的父母都喜欢夸奖别人的孩子聪明，漂亮，其实这是一个误区。因为孩子的头脑聪明和颜值高都是先天优势，并不是值得炫耀的资本或技能，但努力的精神是孩子后天应该被肯定的。我们常说：**努力不一定会成功，但成功却永远需要努力。**

所以，如果父母想激励孩子在学习上获得好成绩，最佳的方法不是夸赞孩子聪明，而是鼓励孩子要刻苦。父母要赏识孩子的每一次进步，以及努力做事的态度，比如为考出好成绩作出的努力，为改善学习方法而作的努力。

家长应该了解孩子成长发育的特点，掌握基本的家庭教育原则，这样，在教育孩子的问题上就会游刃有余，在收获孩子成长与成才的同时，也收获一个和谐的家庭关系。

“约法三章”的教育智慧

孩子心中对世界的看法，不可能和成年人一样。在孩子探索世界的过程中，父母一定要让孩子明白什么可以做、什么不能做。事先没有教导，一旦出现偏差就来责备，这是让孩子感到最冤枉的事情。时间久了，孩子会认为只要他跟父母的看法不一样，就要挨骂，那是大人欺负孩子，时间一长他会慢慢变得无精打采，不想说话，看见大人就躲在一边，这样将来长大以后，人际关系就很差。那么，父母该如何化解亲子之间的这种矛盾呢？如何跟孩子和谐相处呢？在这方面最有效的办法，就是与孩子“约法三章”。

“约法三章”，给孩子一套探索世界的可靠方法

第一次做的事情，不能让孩子自己做主张。小孩子好奇心都比较强，看到什么都想动，这是非常危险的，所以一定要跟他约法三章。比如孩子看到茶杯想拿，一定要先问妈妈能不能拿。不然明明是一杯热水，他一抓，把全身烫伤了，就糟糕了。当然，孩子不会存心闯祸，经常是因为他不懂事，出于好奇造成的。

当然，孩子开始的时候可能会忘记，所以父母要提醒孩子：这件事你知道怎么做吗？孩子把自己的想法说出来，父母听听看他的想法是不是正确，然后按照上面

说过的方式，予以必要的辅导，慢慢养成习惯，父母就会很放心。

所以如果孩子第一次因为没有问你而做错了事，你就要去告诉他："你看你忘记了问我，才会这样，你问我的话，就不会这样了。"他自然也就记住了。

而且父母不要上来就说孩子不知道，他是不会接受的。人都是有尊严的，孩子心里会想：你说我不知道，我有什么不知道？

第二次再来做时，要让孩子想一想：上次是怎么做的？做得好不好？要给孩子反思的机会，否则孩子会依赖父母。如果很好，就照样做；如果不好，分析哪里不好，下次要怎么做。成年人做事也是这样，从小要训练他这套方法，一辈子管用。

生活中，孩子问的问题经常是五花八门的，偶尔还会超出家长的知识范畴，如果你也不懂的时候不要充内行去应付孩子，你可以对他说"你问的这个连爸爸都不懂，我建议你去问老师。老师告诉你了，你回来再告诉我，让爸爸也顺便知道一下。"孩子有了使命，在学校就会认真地学、仔细地做笔记，因为要记下来回来告诉爸爸。**父母做到"万事通"是不可能的，我们也要学会透过孩子去学习。**

父母要教孩子确立一个观念，就是他想做什么事情，事先跟你商量，你一定支持他。因为孩子如果不跟你商量，就去做了，造成不好的结果，你想帮忙都帮不上。若是孩子听不懂，你还可以说得再清楚具体一点，比如告诉孩子，他要跟同学去陌生的地方野营，要告诉你到哪里去，你会告诉他那个地方安不安全，要注意一些什么事情等。

我的女儿要到美国去留学，我就事先告诉她："美国分区分得很清楚，不像中国什么样的人都可以住在一起，所以你不要到黑人区去，因为到黑人区去是很危险的。"我再给她具体说明一下。这样，她心里就会有个准备，就不会轻易上当，否则等她吃亏了，再告诉她如何如何，已经来不及了。

像我的孩子现在都已经成年了，我就跟他们说："现在你们长大了，我没有办法整天跟着，而且我自己也有事情要做。所以现在倒过来，以前是我先告诉你们怎么样，现在要你们先问我，如果你们不问我，我就完全不了解情况，也帮不上忙。”这样他们有事就主动问我了。比如我的孩子想换工作、想做什么事情，一定事先跟我商量，我也会告诉他很多资讯。因为他知道我不会害他，反而还会给他一些帮助，这样大家自然就相处得很好。

不要等到事情发生了，父母再责备来责备去，没有任何用。一个聪明的人，是事先诸葛亮，而不是事后诸葛亮。既然事情发生了，也就不要去追究。**既往不咎，我们要的是防患未然。**

“约法三章”，教孩子学会自主选择和自我约束

孩子小时候，我也会带他去看电影。在看电影之前，我会问他：“等下去看电影，你想不想吃冰激凌？”他一定说想，很少有孩子会说不想。这时我就开始让他选择：“你是吃完冰激凌再去看电影，还是看完电影再吃冰激凌，或者边看电影边吃冰激凌？”从这里可以看到，我会给孩子自由，但是有限度。他想了半天说：“我吃完再去。”小孩也懂得先把眼前的赚到手，过会儿想吃再跟父母要的这一套。

我说：“好，这可是你说的，吃完了再去看我同意。但是我告诉你，你吃完了，一会儿进了电影院，看到别的小朋友吃冰激凌，你又会吵着要。”他说：“不会。”我说：“还是会。”他说：“一定不会。”我说：“你说话可要算数。”他说：“我就是不吵着要。”通过这个过程，他的印象很深刻，就不会吵了，他不好意思吵。

只做到这一步还不够，我接着说：“你吃完冰激凌再看电影，看到别的小朋友吃也不吵，这很好。那看完电影以后，再经过卖冰激凌的地方，你会不会又想起来要吃冰激凌？”他说不会，一定不会。这样一来，需要限制的都限制住了，他自己就会约束自己，然后就乖乖地去看电影了。看电影的时候，我还故意问他：“哎，

人家吃冰激凌，你想不想吃啊？”他说：“那是坏小孩，我是好小孩，不吃。”如果父母事先约法三章，孩子就会没有约束，那么就不会造成常常是高高兴兴地带孩子出去，最后闹的不愉快回来的局面。

父母划定选择的范围，然后让孩子自由选择，这样会增强他的自我约束力，同时还要帮助他懂得怎样的选择最合理。所以我也可以劝他，说：“你最好不要吃完以后再去看电影。我们刚吃过饭，现在吃冰激凌肚子容易疼，也没什么味道，那我们先去看电影。看电影就专心地看，边吃边看也容易分心，看不懂电影在演些什么。而且看完了你再去吃，就不用老控制自己。你想什么，但不能做，一直控制自己太辛苦了。我要跟你商量，现在不吃，等看完以后，我们高高兴兴吃完冰激凌再回家，这样好不好？”

我们的人生不是完全受限制的，但是也没有自由到可以随便有各种选择。其实所谓成功就是有选择的能力，然后按部就班地一步一步去积累。父母通过约法三章，使孩子学会在有限的范围内做出合理选择，他将来到社会上的适应能力就会非常强。

再举个例子，妈妈带孩子出去玩的时候，心里一定要知道他会吵着买玩具。他今天要这个妈妈买给他，下次又想要那个不给他买，他就躺在地上打滚，很多家长都有这样的经历。所以在没有出门之前，妈妈就要问他：“今天我们出去玩会看到很多玩具，你想不想买啊？”他肯定说想。问他想买几个，他当然说想买很多。这时候就要跟他说：“那你自己出去玩好了，妈妈钱不够，没有办法买那么多。”这样他就知道并不是想买多少都可以的。妈妈再问他到底要几个，他说三个。妈妈就告诉他：“三个买回来你一时也玩不了，我们把其他两个送给隔壁的小朋友玩，好不好？”他一定说不要。这个时候再问他买几个，他就会说只要一个了。

有了取舍之后，妈妈还要教会孩子如何选择，“当你看到玩具店里有很多玩具时，我教你怎么挑选，这是别的小朋友不会的。”听到妈妈这样说，孩子就会很愉快，愿意听妈妈接着说下去。“你先看一遍，看看喜欢哪个，喜欢五个十个都没有关系。第二遍再看在这些喜欢的里面你最想要哪个，选出三个。再看一次，选一个最喜欢的，就可以买了。”这个方法行之有效，孩子不但不哭不闹，而且还会很开心地接受父母的要求。现在的父母很少教孩子这些，反而给他很多引诱，令他自己根本控制不住，更无法做出合理的选择。

父母从小跟孩子约法三章，就不会跟孩子有那么多看似很难处理的矛盾、难题。孩子也会慢慢懂得这一套道理，并养成习惯，将来他到社会上，适应能力就会非常强，何乐而不为呢?

对孩子独立个性的尊重

《中庸》里面讲："天命之谓性，率性之谓道，修道之谓教。"就是说，天赋予人的禀赋是叫作"性"，遵循天性而行动称为"道"，从道入手，修饰品节，就是教化。可见教育一定是要先符合孩子的个性，家庭教育更是这样。父母教育自己的孩子，首先要了解你的孩子，他天生是什么样的，顺着他本来的样子，引导他、提升他，给他提供必要的帮助。不能你想让他成为什么样子，就按照你的一厢情愿去强迫他，那这个小孩是非常不幸的。**家庭教育一定是顺其自然，不顾孩子的个性，强迫他往你希望的方向走，对孩子来说是一种伤害。**

每一代人都有不同的人生目标

父母对孩子有所期望，这一点全世界都一样。美国有一个关于父母对孩子职业期望的调查，结果依次为企业家、医生、教师、体育教练、律师、专业工程师等。从这个顺序可以看出，父母总是希望孩子的将来富足、稳定、自由一些。都说职业没有高低贵贱之分，可是当父母把自己的孩子叫过来问他，"儿子，你将来想做什么？"他回答："我长大想去开垃圾车。"假如你是家长会作何感想？大概谁也不会说，"儿子，你的理想真棒。"所以从这个层面来理解，父母对孩子有一份期待，这也是人之常情。

父母都说要给孩子最好的，但是什么是最好的？有人说现在学土木工程工作机会最多，可是当孩子毕业成了建筑师，也可能所有的房子都盖完了；有人说当科学家最好，于是让孩子拼命把理工科学得很好，长大以后却发现学文史的人很吃香……这些都是有可能的事情。**世界是会变动的，一方面很可爱，另一方面很可怕**。可爱的是因为变动，人才会进步，可怕的是人经常因为变动，导致押错宝。父母要明白，每一代人的生活环境都不一样，便会有每一代人不同的人生目标。正是每一代人的生活方式不一样，人类才会不断进步。

父母有自己的人生目标，有没有达成，那是父母自己的事情。但是很遗憾，有些父母常常把自己做不到的事情都寄望给孩子。“爸爸最大的遗憾就是没有上北大，你一定要考上北大”“妈妈这辈子不能成为画家很可惜，你要给我好好学画”，这不是强人所难吗？

孩子是父母所生不假，但孩子不是父母生命的延续，更不是父母圆梦的材料。孩子生来想要追求的是他自己的目标，而不是来完成父母的目标。父母的梦想无法实现，就寄托在孩子身上，便是把孩子当成了圆梦的材料。

我们要始终清醒地认识到，孩子是一个活生生的独立个体，长大后的他们有自己独立的思维、见解、解决问题的策略、追求的理想和目标，不要让孩子成为代替父母实现未尽理想的工具。

不要用期望“绑架”孩子

父母对孩子不可能没有期望，我们关心孩子，当然就会有期望。但是期望要合理，合理的期望孩子会接受，不合理的期望孩子会反抗，甚至会背道而行。除非孩子自己有兴趣或有这方面的天赋，否则越勉强他越苦恼。父母过分地勉强孩子，这种无形的重压会把他逼得距离父母越来越远。想想看，为什么孩子小时候很喜欢跟父母在一起，可是越大越躲着父母？因为有些父母容不得孩子变成一个独立的个体。但是这种趋势是谁都无法改变的，孩子慢慢会有自己的兴趣、愿望、梦想。父母应该尊重孩子的选择，让他们自己决定人生的方向，这样孩子也会懂得尊重父母。

父母要给孩子足够的成长空间，让他们树立自己的理想和愿望，有自己的思想和独立思考的权利，不要让孩子成为“你要怎么做”的盲从的产物。**父母的任务是，根据孩子的具体情况和兴趣，向孩子提出建议，引导孩子找到自己努力的方向，而不是不断地灌输你的各种期望。**

顺其自然　让孩子自由成长

有些父母不知不觉中错误地接受了很多所谓现代化的观念，比如听到不要让孩子输在起跑线上，就逼着孩子去学习一些根本不必急于掌握或者未必适合孩子兴趣的东西。不输在起跑线上，真正的意思是一开始就要正确，以正确的方法，学习必要的东西。一窝蜂地让孩子学习小提琴、钢琴以及外语等并不需要这么早开始的东西，遇到宾客来访，让孩子当众表演一番，分明是为了炫耀自己，表明自己对孩子花了很多心血和资本。

每个孩子的气质秉性不一样，身体智力不一样，兴趣爱好也不一样。父母最好清楚，每个孩子发展的速度不一致，而且孩子在各方面的发展也不一样。**总把自己的孩子跟别人的孩子比，是非常没有道理的事情**。父母要顺其自然，让孩子自由自在地成长。千万不要强迫孩子，看到别人的孩子学什么，自己也要赶紧去学。也别去要求孩子跟育儿书上所说的一模一样，那是不可能的，更是不必要的。父母要有这样的观念，因为这是事实。

启发引导　帮助孩子找到理想

那么，既然孩子的秉赋各有不同，父母只需要以正常的态度、良好的方式、有效的方法给予适当的启发。至于孩子将来如何发展，可能有哪些成就，那是孩子自己的福分，父母要顺其自然。

对孩子的理想，父母如果觉得是合理的，要尊重和支持。而真正的支持需要建立在对孩子的充分理解和尊重的基础上，以孩子的心理准备、接受能力为前提，然后进行适当的启发和引导。

即使孩子的理想与父母的意愿存在很大的差异，父母也要平静地与孩子交流，在尊重孩子理想和追求的前提下，通过深入探讨和沟通，让孩子能理解父母的想法，最终还是要把决定权交给孩子。

父母要尊重孩子的个性，留心观察孩子个性中的闪光点。比如父母接受孩子的调皮，而不是直接制止或否定，孩子可能会更容易获得自信和快乐。爱好和兴趣都是后天能够培养的，但个性通常难以改变，父母不要试图去改变，要找到适合孩子个性发展的教养方式，接受、理解并欣赏孩子的个性。

一次，我听到几个妈妈们聚在一起聊天，有一位妈妈说“我家孩子每逢周末都没空，要去上课”，其他人开始议论纷纷，“孩子那么小多累啊，你儿子都上什么课啊！”接着一个妈妈说，“我只让孩子去学了跳舞和钢琴，学那么多孩子吃不消！”随后，另一个妈妈也附和道：“我也送女儿去学的跳舞和乐器，女孩学这些挺好的，另外我还给她报了跆拳道。”

听完后，我真是有些有哭笑不得，一边说不让孩子太累，一边又自作主张给孩子报这么多兴趣班，而且大家似乎都没有尊重一下孩子的真实意愿和兴趣。

只有选择喜欢的内容，孩子才会想学。但有很多时候，孩子喜欢做的一件事情，都会被父母扼杀。比如，一个孩子喜欢踢足球，得不到父母的支持，反而因为父亲对篮球的喜爱就逼迫孩子去学打篮球，最后孩子可能不仅打不好篮球，说不定连对足球的喜爱也渐渐被磨灭掉，甚至对任何事情都失去兴趣。

所以，父母最好能尊重孩子的兴趣和爱好，了解孩子的内心需要和想法。孩子也有选择自己爱好和兴趣的权利，可以选择做自己喜欢做的事，作为父母最好不要随便强硬干涉。比如准备为孩子选择兴趣班前，父母不妨先听听孩子的意见，尊重他的选择。

多问问孩子，多多观察，选择适合孩子个性并感兴趣的内容。不需要让孩子一下子学很多，或一厢情愿强迫孩子选择父母自己喜欢的才艺，这样不仅会使孩子没有学习的欲望，在学习的过程中也会因为不喜欢而学得不好，从而影响到孩子以后学习的信心。

父母要尊重孩子的爱好和兴趣。因为孩子在做自己擅长并喜欢的事情时，他的创造力和潜力才有可能得到充分发挥，他的专注、认真、坚持不懈的习惯和意志品质也能得到锻炼，有助于孩子的健康成长。

第三章

把好中国式教养“第一关”

人要比较，但中国人主张自己跟自己比，父母教导孩子也不要总跟别人比，鼓励孩子自己跟自己比，一天比一天有进步就够了。活到老就要学到老，永远不松懈，这是一辈子的事情。

培养孩子正确的生活观念

家庭教育的任务，是要奠定孩子一生良好的基础。这个基础就是我们常说的生活观念。

父母用心培养孩子一些正确的生活观念，使孩子在思想上、言行上都有正向的反应，随时应用在生活当中的各种环境，孩子就会终生受益。

从小培养孩子三个基本的生活观念

我们提出三个最基本的观念，就是“好学、知耻和上进”。这三个基本的生活观念，不管时代如何变化，绝对不能放弃。孩子从小培养出这三个生活观念，其他的自然会触类旁通，慢慢他就会发现终生受用不尽。

好学的关键是兴趣和方法

培养孩子好学的精神。中国人讲求一切找道理，但是道理不是与生俱来的，必须通过后天勤于学习、日积月累，才能懂得。从小培养孩子求知的欲望和兴趣，凡事多问几个为什么，最好能养成喜欢读书的好习惯，这样一辈子受用无穷。

兴趣是最好的老师，也是孩子学习的直接动力，但是很多孩子却对学习没兴趣。因为孩子其实也想努力，也想学好，但是遇到题目，不会做，努力过后，还是不会做，这样孩子就会越学越没有兴趣，哪怕父母继续鼓励他，还是难以提起信心。

其实让孩子感兴趣非常容易，就是让孩子获得成就感。我们作为父母，不要直接告诉他答案，但是要教会他解决的办法，让他自己做出来，体验成功，这样一而再再而三，孩子自己习惯了优秀，习惯了这个科目是他擅长的内容，自然就越来越感兴趣，越来越成功。

任何事情，只要有兴趣，只要懂方法，就会变得十分轻松。比如孩子自己会读书，进步的速度一定比父母教他快得多。养成好学的习惯，孩子自然会从书本中、从长辈的谈话中，了解许多做人做事的道理。

好学是一辈子的事情，可以直通，也可以迂回前进，只要有心，随时随地可以学习，绝不受任何限制。

资讯爆炸的时代　孩子的好学也需引导

一个喜欢并积极学习的人，一定会有前途，就算遇到挫折，也会是暂时的。但是在今天这样一个资讯爆炸的时代，面对各种言论，甚至到了孩子越好学，父母越不放心的地步。

现在的孩子这么难教，与受到太多乱七八糟的资讯的干扰有一定的关系。其实就算是在欧美家庭中，父母也大多对孩子看电视的时间加以限制，所看的节目要经过父母的严格筛选。不像我们中国有的父母，丝毫不加防患地让各种节目、信息直接侵入家庭。

要知道，有些电视节目里面有一些错误的资讯，甚至呈现的个别人的一些偏激言行。孩子看到后，虽然没有办法辨别是非对错，但模仿能力却非常强，如果经常观看这些节目，孩子会模仿，这对他的身心健康成长非常不利。长大之后会给他人、社会带来一定的危害。

有的电视人告诉我，自己制作的节目都不敢让自己的孩子看。我问他们自己都不敢看，还做这种节目干什么？他们说："没有办法，要拼收视率呀！"这就是市场导向带给人类的悲哀。

不仅是电视，现在来自互联网的也有不少负面信息，孩子直观地去接收这些信息时，就造成一定的心理伤害。

这就要求，父母要逐步通过对孩子的规范和引导，慢慢养成孩子自己的判断力、观察力和选择力，这是父母面对现状的唯一办法。态度、方法正确，方向更不能错，一旦观念误导了本来好学的孩子，最后只能事与愿违。

"不贰过"来自知耻的内省动力

只要是人都会犯错，谁也不能保证自己不犯错误。所以父母不能要求孩子不犯错，但是要培养孩子知耻的观念，也就是知道惭愧。唯有知道惭愧，才有敢于承认的勇气，进而有知错必改的决心，并且不再犯同样的过失。孔子当年也没有要求不犯错，只是希望"不贰过"，就是错误不要犯第二次。

人的感情一部分是自发的内省，一部分是迫于外在的压力。今天的中国父母受西方的影响，认为做错了事向别人道歉是礼貌的表现。于是经常告诉孩子：别人送你东西，要说谢谢；做错了事情，要跟人家道歉。父母不断强化要"道歉"的外部压力，就会弱化孩子内心"知耻"的观念，久而久之养成一种认识：犯错没什么大不了，只要道过歉就没事了。这种想法之下，孩子很难有"求改进"和"不贰过"的自发内省。

西方人性格比较情绪化，如果一时冲动伤害了别人，只要事后诚心道歉，对方会坦然接受，关系也比较容易一如既往。中国人则是一个不太愿意接受口头道歉的民族，就算嘴上表示谅解，但内心的芥蒂却很难彻底消除，感情的裂痕不是道歉就能抚平的。错误已经犯了，人心已经伤了，后果已经造成了，说句道歉的话就能一笔勾销吗？

知耻就会谨言慎行　反思后再行动

中国人这样做，不是因为我们“小气”，而是有两个用意：一方面做错了就是做错了，口头上的道歉没有用，要用实际的行动，让对方察觉到自己的歉意，弥补所造成的伤害。另一方面，更关键的是提醒中国人要时刻慎始慎行，尽量不要造成需要道歉的事实。意气用事，随便犯错，再用道歉来了事，在中国社会是行不通的。比如一个人背着一个大背包，不小心撞了你一下，然后说声对不起，回过头又撞你一下，再说对不起，你会觉得很愉快吗？与其亡羊补牢，不如未雨绸缪。既然背着背包，就要想到背包随时可能撞到别人，所以拿下来放在胸前才是正确的方式。

知耻的人除了慎行，必然也会谨言，以防说错话被人笑话。孟子说：“予岂好辩哉？予不得已也！”就是告诉我们，人是不得已才讲话的，能够不讲最好就别讲。今天的人讲得太多，听得太少，所以往往不长进。大家在一起，不讲话的人收获最大，讲话的人把肚子里面的东西都讲光了，一无所得。

谨言慎行是知耻的表现，没有羞耻感的人最糟糕。父母要教会孩子凡事先想一想，怎么做才合理。如果不明白，及时向父母或长辈请教，以免犯错。万一做错了，必须勇于改过，力求不再犯第二次。可是我们现在有些人都在训练孩子不害羞，尤其是女孩子如果不害羞的话，将来怎么教导呢？

中国人求上进是自己和自己比

一代更比一代强，父母唯一的希望就是建立在孩子能够求上进上面。中国人永远不认输，永远向前进，这便是求上进的表现。那打输了怎么办？调过头来继续前进，只是方向不一样而已，这就是标准中国人。因为人一旦认输，就会兵败如山倒，追求上进的信心就荡然无存了。我们不认输，但是要承认自己的疏失、过错，然后力求弥补、改进。

现在的孩子大多害怕失败，怕失败的人什么事情都不敢尝试，又何谈不断上进呢？父母要从小就培养孩子的这些观念，鼓励孩子大胆去尝试，不要害怕失败，也不要急着成功。**因为与其晚失败不如早失败，与其早成功不如晚成功，真正的大器都是晚成**。

我们求上进、不认输，但并不是样样都要不输于人，样样都要赢过别人，就等于输掉了自己。人要比较，但中国人主张自己跟自己比，父母教导孩子也不要总跟别人比，鼓励孩子自己跟自己比，一天比一天有进步就够了。

活到老就要学到老，永远不松懈，这是一辈子的事情。只要方向正确，方法合理，人向高处走，应该像水往低处流一样自然。

让孩子学会必备的生活技能

孩子在成长过程中，有一些生活技能是必须要学会的，比如刷牙、系鞋带、洗衣服、待客、保护自己等。

现实也告诉我们，注重培养孩子的生活技能，是生活需要，更是教育需要。这种需要不是主观的，而是客观的。父母只有为孩子从小打好生活技能生存和发展的基础，孩子独立生活的意识以及能力才会随着年龄增长持续被强化。孩子的生活能力强，生存能力就强，适应社会环境的能力也就强。

然而，现在大多数急功近利的父母，害怕孩子输在起跑线上，于是拼命地让孩子学习各种各样的生存技能，往往忽略了最基础的生活技能。有的孩子身怀各种绝技，随随便便就能罗列出四五个特长，可是小学都快毕业了连一双袜子都洗不干净。

学会基础生活技能　孩子一生受用

人活在世界上，什么东西最重要？说来说去，生活最重要。生活需要某些技能，才能够生活得安全而自在。可惜我们现在过分重视事业和金钱，而忽略了生活；过分重视专业技能，而严重忽略了生活的基本能力。我们很容易发现现代人虽然有丰富的知识，但是缺乏生活的能力。

所以，父母最好明白，管教孩子，应该从日常生活中培养孩子正确的生活技能开始。一般人总认为一技之长指的是就业所需要的技能，经常忽略了基本的生活技能才是终其一生都需要拥有的一技之长。缺乏生活的技能，在日常生活上遭遇不便或产生困难，不但会受到他人的嘲笑，也会影响到今后生活的质量。

中国教育科学院曾对全国两万个小学生家庭展开过一项调查，调查显示，被父母鼓励做家务的孩子比不做家务的孩子，成绩优秀的比例高二十七倍。

所以，穿衣、吃饭、收拾玩具，保持房间整洁等，这些很多父母眼中的生活小事，可能会影响孩子一生。

衣食住行的生活技能　从孩子三岁开始培养

那么，家长从什么时候开始就要培养孩子的生活技能呢？

三岁以前的孩子，学会爬和走以后，一定会翻箱倒柜把家里的东西搞得一团乱，这个时期基本无从教起。父母只能等他睡着以后，把翻乱的东西整理好。

三岁以后的孩子，便应该开始生活能力的训练，最基本的是在衣和住方面做到整洁（包括整齐和清洁），在食和行方面做得安全和合适。下面，我就具体说下一下关于“整洁”“安全”和“合适”。

整洁。教育孩子物有定位是最省事的方法，要养成自己的图书、玩具摆得整整齐齐的习惯。要玩可以，玩完了一定物归原位，不能一走了事。上学以后，每天晚上一定要把书包整理好才去睡觉，不然一早起来到处找不见，去学校也丢三落四，别人就会看笑话。有些孩子都上小学了，还不会大小便，衣服弄得很脏，这是父母的责任。

安全。安全第一，这是父母必须紧紧掌握的原则。父母不可以把安全的责任放在孩子的身上，用各种规定的方式，来维护孩子的安全。特别是孩子还小的时候，父母更应把家里布置成安全的场所，让孩子在安全的范围内进行探索尝试，是父母必须尽的责任。

明白不安全的事情不要轻易去冒险，也是教导孩子的重点。把玩具交给孩子的时候，务必把正确的使用方法反复示范，细心引导。如果孩子做得好，就适时加以赞美，以加深孩子的印象，促进养成习惯。

合适。随时随地根据孩子的年龄、程度、家庭背景，做出合理的调整，即为合适。不是说什么都要给孩子最好的，或者别人有的东西，自己的孩子也一定要有。别人都有，自己未必要有；自己所有的，别人不一定会有。合适自己的才是最合理的，为什么要处处和别人相同，样样与别人一样呢？有些不同，更加有趣。人的生活由俭入奢易，由奢入俭难。父母必须考虑自己的条件，以免养成孩子追求舒适，攀比物质的生活习惯。

父母要会“用”孩子

除了让孩子去做，家长还要会“用”孩子，这样孩子就会越做越轻松，心情愉快，在生活技能的培养上不费力，水到渠成。

会“用”孩子的父母会收获不一样的教育成果。可能大多数父母不会这么做，很多事情认为孩子不会，做起来纯粹添乱，你不让孩子做，怎么知道他不会？谁都有第一次，谁会一次就做好呢？父母必须给孩子提供不断锻炼的机会，并且给予鼓励和肯定。

有的家长不舍得“用”孩子，得少为足，不利于孩子长期发展。很多家长宠爱孩子，结果宠到上大学了，还不会自己煮饭、收拾房间。

其实，孩子小时候都非常愿意自己做一些事情，也愿意帮父母，但是长大后就不一定喜欢干了。有的家长和我说，孩子上小学后，每天做很多作业，不舍得再让孩子干这干那。结果，有时候一喊孩子做点事，孩子就不愿意做了。

这和父母有很大关系，除了让孩子学会基础生活技能，还需要督导孩子培养成好习惯，才能一生受用。

反复练习　父母要有耐心

培养孩子的生活技能，加强训练也是必不可少的。

父母需要花一些时间和耐心来训练孩子这些基本的技能，不要嫌麻烦。训练的过程中，也不要因为孩子总是做不到位而恼怒。孩子在不断重复的练习中，总会学到正规的方法。在运用中还能得到自己内心的成就感，从而提升自信心。提升自己的生活技能，也学会照顾自己。

其实，孩子的生活中，很多事都需要具体明确的训练。当然，孩子也能够通过观察学习，但只有实际动手去操作和训练，才能更好地掌握生活技能的要领。

比如孩子需要通过训练学习穿衣服、绑鞋带、吃饭、洗澡、过马路，再大一点还要通过训练学习做家务。这些不是一次两次的训练，更不能没做好就用惩罚的方式。花时间训练孩子的生活技能，应该成为家庭教育中的一个常规内容。

在这里，父母们还要注意一点，训练孩子生活技能时，要给他留出探索和学习的时间。比如：匆忙的早晨，就不适合教孩子绑鞋带，时间压力下父母容易不耐烦，进而打击孩子的信心。

教孩子生活技能　游戏是最佳方式

练习生活技能，最要紧的是让孩子从做当中去提升认知并学习。其实对小孩来讲，游戏是最好的学习方式，而且他一定感兴趣。可是有些父母常常认为游戏是浪费时间，从而逼着孩子从小去学英语、音乐、舞蹈，这是剥夺孩子童年的快乐。天才的小孩其实很可怜，越早被发现是天才越可怜。

父母和孩子一起做一些事情，很容易提升亲子关系和家庭幸福感，让孩子有家庭责任。如果孩子完成了某一项生活技能的学习，得到大人的鼓励和表扬，就会获得满满的成就感。下次，孩子会投入更大的热情和耐心，长大后就不畏惧挑战，勇于尝试。

游戏时间通常是教孩子学习新技能的理想时间，也是最易让孩子接受的方式，让学习技能成为游戏中的一部分。玩具店里有很多可以作为辅助训练的物品，家长也可以DIY，比如用几个大扣子加上旧衣服上剪下来的扣眼，就能帮孩子学习扣扣子；在硬纸板上画鞋子，打几个洞，就可以教孩子穿鞋带、绑鞋带。如果孩子还能亲自参与道具的制作，他们就会更感兴趣，父母也可以借此引导孩子的智能发展，提升其创造力。

教孩子的餐桌礼仪可以通过玩偶和生日party来进行，让“介绍和欢迎客人”成为聚会中的一个环节；火车、汽车上应有的礼仪，也可以通过坐车的游戏来教导孩子。在游戏中进行角色扮演是极好的训练方式，孩子们会爱上这种游戏，生活技能也在游戏中被训练了。

培养孩子健康的生活习惯

人是习惯性的动物，孩子一生是否幸福，取决于是否拥有良好的生活态度和习惯。养成良好的习惯，终生受用，自然幸福；养成一大堆不良习惯，遗害无穷，当然不可能幸福。一个人不自爱，就会为大家所反感，因为他身上有很多坏习惯。一个人得到周围人的欢迎，其实得益于他身上有很多好品质。

孩子良好生活态度和习惯的培养，必须依靠父母对孩子自幼教养而成。有些父母认为“树大自然直”，忽视对孩子习惯的培养和一些不良习惯的矫正，最后的结果往往都是追悔莫及。父母最好能够善加辅导，使孩子逐渐养成勤劳、守分、有恒的生活态度和习惯。

培养孩子勤劳的优良品质

勤劳的意思是喜欢做事、不怕劳苦。一个勤劳的人，一辈子都有保障。勤劳的人不会觉得事情做起来很累，不会老把事情推给别人，不会跟人家难以相处，不会让将来的老板看不起，不会让同事把他排挤掉。**勤劳的人处处会受到别人的喜欢，从而有更多的机会发展自己。**

勤劳是一种观念，懒惰也是一种观念，懒惰和勤劳刚刚相反。懒惰就是不喜欢做事、很害怕吃亏、不愿意受苦。我们时常骂人办事不起劲，能拖则拖，能推则推，一件事情本来应该今天办的，偏偏今天不办而要拖到明天、后天才开始；本来应该由他办的，他偏偏不办，要推给别人去办，这种误人误事、耽误时间的毛病，真正的原因其实就是懒惰。

懒惰是人类的本性，也是所有孩子的本性，摆脱懒惰需要一定的挣扎，并且长期远离懒惰也不是一件容易的事，所以勤劳本质上是一种自控力。

父母培养孩子勤劳，实际上也是锻炼孩子的自控力。每天早上准时准点起床；每晚睡前坚持听故事阅读；每天在规定时间内自觉完成作业；每周坚持帮助父母做家务……这些都是孩子在生活中勤劳和自控力的表现。

正如芬兰谚语所说，“勤劳的人会有各种幸运，懒惰的人则只有一种不幸。”让孩子从小养成勤劳的好习惯，才有办法破除懒惰的坏习惯。

世界上鲜有比亚洲人更勤劳的人，中国人的勤劳在亚洲尤其突出。勤劳是我们千百年以来的传统美德。**自古天道酬勤，勤劳是大多数走向成功的人的重要品质。**那么，怎样让自己的孩子变得勤劳？

从日常生活的一点一滴去培养孩子勤劳的品质，我建议让孩子参与力所能及的一切劳动，比如吃饭之前发筷子，吃饭之后把盘子端到水池里面，别看这样的事小，它也是培养孩子勤劳的最好方法。

想一辈子安全　教孩子守分是根本

守法和守礼，合起来就是守分。孩子从小扮演好自己的角色，约束好自己的言行，凡事懂得不以自己为中心，不要自我膨胀，能考虑他人的感受，这样的人一辈子安全。

该是自己的才要，不该是自己的就不要，一定可以奉公守法，恰如其分。中国不是骗子多，而是容易上当的人太多。只要不贪小便宜，一辈子不会上当。否则讲100种方法，别人用第101种方法又会上当。想不上当只有一种办法——不贪小便宜，不是自己的就不要。那么，父母应该告诉孩子要守分，一生不要占小便宜，孩子就很安全。不必教这个教那个，守分才是根本。

在这个社会上每个人都有自己要扮演的角色，职工有职工的分，官员有官员的分、教授有教授的分。很多人开始自我膨胀的第一步，就是忘了自己的分，认为自己成就很大，开始变的了不起，不再遵守自己的角色的分，很快就会出事。

人懂得守分，欲望就不会突然膨胀，遇到事情会考虑会带来什么后果，是否超出了自己所遵循的分，就不会在以后危险来临时，把自己推向未知的极端境况。

父母如果在孩子成长的路上获得成就的时候，不断提醒孩子守分，让孩子有自觉的习惯，就相当于为他的人生购买了一份保险。

教育孩子做事要有恒心

如今的孩子很少吃苦，心浮气躁，做事缺乏毅力，不能持久。

我常听到一些家长抱怨自己的孩子："我这孩子并不比别的孩子笨，就是没耐性，做事总是虎头蛇尾，半途而废。看到别的孩子游泳就吵着要去，结果游了两次就再也不下水了；看到别人滑冰，摔了一跤，就再也不去了……"

有恒心、有毅力、坚持不懈是一种良好的心理品质，而这种心理品质不是生来就有、自发形成的，而是在教育和实践过程中，经过锻炼与培养，让孩子逐渐形成的。

父母希望孩子有一天会出人头地，而出人头地要一分耕耘，才会有一分收获，可见有恒才是成功的根本。父母教育孩子，孩子如果不能够继续教育自己，养成终身自我学习的习惯，是不可能成大功立大业的。

父母要从小培养孩子做事情有始有终的习惯，不但果敢坚忍，而且坚毅有恒心，不能虎头蛇尾。比如，在学习或生活中的任何一件该做的事情上，都严格要求孩子有始有终地按预定计划完成，绝不允许半途而废。

总之，培养孩子的恒心和毅力，不是一朝一夕就能成功的，而是一件任重而道远的事，这就需要父母不懈的努力。

引导孩子树立家庭观念

一个人参与到社会中有两种形式，分别叫“个人参与”和“家庭参与”。中国人的传统一般是“家庭参与”，这和西方社会的“个人参与”不同。中国人是在家庭中发展自我，这也是西方人所不理解的。

中国人的家庭观念

西方是个人重于家庭，家庭里面的每一位成员出去并不代表他们家庭，只代表他们个人，儿子就是代表儿子自己，爸爸就是代表爸爸自己，他不代表整个家庭。

中国是家庭重于个人，家里任何一个人出去都代表着这个家庭。小孩一出来，大家都问这是谁家的孩子？我们不问他是谁，他是谁又怎么样？美国人会问他是谁？他叫Tom还是Mary？他不代表他的家人，这是不同的观念。

如果这个人凭他爸爸是谁，这个人无形中就多了很多分量。同样，一个小孩有出息父母也跟着光彩起来。因为一个人就会带动整个家庭的声势，所以一个人在家里面得到家人共同的支援，他出去一言一行都代表整个家庭，他所得到的成就一定要和家人分享，这叫作在家庭中发展自我。

中国人向来什么事情都会兼顾，考虑家庭的同时，也考虑自我。

你的小孩出去，你会觉得这个跟我没有关系吗？比如孩子大学毕业后就去求职，填表时都会有父母信息一栏。如果孩子说，我出来只代表我个人，填表不要写爸妈，有企业敢录用吗？因为你有多大的才能和信用对方根本不清楚，人家看你的家庭环境不错，父亲也有职业，母亲受到过高等教育，通过这些会在录用的时候多考虑一下你。因为家庭环境，在某种程度上也代表着你受到的教育。

同样，在孩子被别人骂的时候，也会牵连到父母，有人会说这孩子没教养，这就是骂他的爸爸妈妈，但这也是外国人看不懂的事情。中国人认为，骂小孩他会很冤枉，他也担不起这个责任，通常都是叫你爸爸或妈妈过来。我们会把责任归属给爸爸妈妈，就是因为我们是家庭的参与，所以父母没有办法逃避责任。

所以，我们教育孩子时也要时刻提醒他，要注意自己的言行，品行等，因为他是代表家庭的形象。

学会让孩子做家庭代表

我们现在有一个新的观念被提出来了，是家长要在家里成立一个家庭会议，用比较民主的方式提出你的意见征求大家的同意，然后这个观点就是全家人的统一认识，而且出去代表家庭意见的不一定是父母，小孩也可以代表。比如，社区要开什么会议，今天女儿代表就好，父母都不去，所以女儿出去就要跟开会的单位讲，我的父母临时有事情我代表他们来出席。

中国人就是通过让孩子代表自己去参加各种活动，然后把父母的关系转移给他。比如当我的朋友要结婚，我跟我太太的时间都不方便出席时，我们就会事先交代给孩子，红包准备好，到时候他去参加，但是父母要告诉孩子，他是代表父母的，于是孩子就会时刻注意自己的形象、谈吐、行为等，因为要代表家庭呈现出最好的一面，让父母的脸上也增光。

而且，他还能借此机会认识很多我们的好朋友，这一代的关系要把它传承给下一代。比如，孩子出去讲，我是代表父母来的，这样他就多了一层身份，在陌生的环境中人家会看父母的面子对他有所照顾。

中国人培养孩子一定要有家庭观念，成长路上他不是一个人。

教育孩子不要盲目学西方

现在很多父母育儿向国外看齐，其实每个社会都有它不同的运作方式、不同的思路以及不同的生活习惯，不要盲目地去学人家，因为大部分你学不来，也学不像，更没必要。

比如在西方社会，爸爸说难得有一个假日全家可以一起出去玩，西方的小孩可能会说，我不能去，因为已经跟我同学约好了。这时爸爸是会同意的，会说你不要去了，因为你已经跟人家约好了。

然而中国的小孩往往不会拒绝，爸爸说我们周末一起出去走走，如果孩子说跟朋友约好了，妈妈可能会说，看看能不能跟同学改期，这次先和跟爸爸一起去，难得爸爸有时间，这才是中国的家庭。

在西方，过两天那个小孩说可以去了。妈妈一定问为什么你可以去？你跟人约好为什么可以去？他说我那个同学临时有事变更了，妈妈一定问，是谁约谁？责任归谁？

在中国只要小孩说，我可以去了，全家人都高高兴兴，可能不会追问为什么他会改变主意。西方是把权利义务看的非常清楚，把责任看的很分明，中国人不计较这些，一家大小难得有机会一起出去，这应该放在第一位。

培养孩子有错必改的勇气

孩子犯错在所难免，对于孩子的“不知错而为之”，家长们通常会严厉指责，教训孩子，希望他们以后不再犯；对于孩子的“明知错而为之”，家长们便会大发雷霆，表现出失望和不耐烦的态度。

其实，“孩子犯错”并不可怕，可怕的是父母们把“犯错”这件事放大了，从而让孩子失去了有错必改的勇气，同时也失去了成长的机会。

孩子犯了错误，父母一定要给他一个改正的空间，鼓励孩子说实话，继而改正错误。

了解孩子心理　让孩子勇于认错

为什么很多孩子都害怕犯错误，更害怕承认错误呢?

因为他们担心承认错误后会被父母责骂或挨打，从而产生恐惧和焦虑的心理，于是有的孩子犯错后下意识就是狡辩或隐瞒，时间一长，就会养成逃避责任的不良习气。

其实，孩子不承认错误，这是比犯错更严重的后果。所以，父母在对孩子进行教育时，必须解除孩子的紧张心理，令他敢于承担责任，改正错误。

每一个孩子在儿童时期犯一些错误是正常的，父母要理解孩子，对于孩子的错误和缺点，要做到心平气和地沟通，允许孩子小时候犯错是为了保证他在踏上社会后少犯致命的错误。

孩子勇于承认自己的错误，这也是父母培养其良好诚实品德的重要一步。

帮助孩子认识错误　自我反省

如果孩子只是承认了自己的错误，却不知道自己究竟错在哪儿也是不行的。

当孩子犯错的时候，父母要帮助孩子分析错误的原因，让孩子认识到错误的后果，吸取教训，下次规避，然后还要帮助他找到弥补的方法。

如此父母才能帮助孩子在犯错中成长，并从根本上让孩子学会为自己的行为负责。

犯了错误，接下来就要改正。人改正自己的错误，往往有两种情况，一种是自省，一种是迫于外在压力。凡是做错了就让他道歉，这个是外面的压力，不是自发。比如孩子做错了事，父母常常要求其道歉，他也就养成了一种道歉的习惯，结果，他以为道完歉就没事了。

当孩子犯了错误，父母要让孩子从内心认识到自己错了，并表示道歉要讲究实质，不要流于形式。写悔过书、公开承认错误等，如果不是发自真心，都不会产生内省的动力。

给孩子“纠错”　父母需端正态度

希望孩子永远不犯错？这是不可能的事情。那么孩子犯错的时候，家庭教育的关键在于父母应该持以什么样的态度，采取什么方法，使其能加以改正。

生活中，我见到很多家长对孩子犯错都施以情绪化的处理方式，大惊小怪、厉行严惩、责骂体罚等，不能站在孩子的角度去试图理解，也没有告知孩子错在了哪里、如何进行补救。

父母的这些态度或行为不仅对“纠错”毫无益处，还会严重影响孩子对家长的亲近感，更会让孩子心生委屈，久而久之产生叛逆心理，越走越“偏”，一错再错。

还有一些父母喜欢为孩子的犯错寻找借口、理由，例如孩子还小，不懂事。殊不知正是这种姑息迁就，会使孩子做了错事还若无其事。当孩子再犯错时，他就会否定自己的错误行为，甚至还会把错误行为合理化，更会为自己的错误行为辩解，以推卸自己的责任。

所以，当孩子做了错事时，我建议父母自己先把情绪管理好，端正态度。

如果孩子自己先承认了错误并承诺会改正，父母也可以稍微安慰一下他“没有关系，像你这种年龄犯这种错，是必然的，我以前也犯过，最要紧的是以后不要再犯”。

父母切忌三件事　让孩子主动沟通是上策

孩子难免犯错，所以父母大可不必忧心忡忡地说“你怎么老犯错呢？”。父母患得患失，也会弄得孩子紧张兮兮，就没法正确引导他。

第一，最好不要当众指出孩子的错误。当场立即指出孩子的错误，父母通常控制不住自己的情绪，因为父母在怒气冲冲时说的话容易过激。如果孩子犯了错，父母当场大发雷霆，当场给他难堪，非常不利于孩子对错误的深刻认知，甚至会产生逆反心理。而且孩子做错了事，他的情绪也处在紧张状态，你立即跟他讲道理或发脾气，他也听不进去。

第二，不要讥笑孩子。如果孩子做错了事，父母说“我从来没有看过你这么笨的人”，然后就是“我像你这个年龄已经会做很多事了，你现在还这个样子。”这些打击孩子的话最好不要说，一方面容易让孩子产生自卑心理，另一方面会让孩子失去改错的勇气。

第三，不要制造紧张的沟通气氛。父母可以这样问孩子“你为什么这样做呢？

我想你一定有自己的原因吧？”如果有原因，孩子就会比较放心地跟你讲。如果父母一开始直接指出孩子这样做错了，他有可能会与你狡辩，死不认错。所以说，跟孩子沟通时一定要把气氛弄得尽量轻松些。既然我们比孩子年长，就要把自己的情绪管制好，然后等他自发地来找你，你再心平气和地跟他讲道理，这样教育的过程才更容易出效果。

父母最好能让孩子自动地说出，他究竟错在哪里，让他有主动承认错误的勇气。

如果父母与孩子有一项共同的兴趣爱好，或者有一起喜欢做的事，这些都是引导孩子改过的好机会。比如一起下下棋，出去散步等，然后在过程中听听他的真实想法，尽量采用温和理解的语气询问，他就慢慢越来越敢跟你讲。这时，孩子通常会表示说这样做不好，会改。父母在这时可以用激将法说“我觉得这个错误不是很容易就能改的”，一般孩子都会表决心，一定要改正给你看。在你一步步地引导下，孩子便有了主动承认错误并改正的勇气。

帮助孩子学会应对挑战

从孩子小的时候开始，父母就要不断鼓励并协助他接受各种挑战。因为孩子要从这些挑战当中学习、成长并磨炼意志，未来才能直面挫折，不畏艰难。而且父母要把“困难没有想象的大”的思想不断传输给孩子。

孩子长大尤其是进入社会后，面临的挑战也会越来越多，这时父母依然要担负起协助和引导的责任，时刻提醒孩子应对职场、生活的各种新挑战，正面应对的同时还要思虑周全。

鼓励孩子勇于面对挑战

无论是在学习、运动、动手能力等任何方面，孩子进行自我挑战时，父母都要欣赏并鼓励，甚至可以协助他。因为通过各种挑战，能让孩子明白，挑战有可能成功，有可能失败；有时失败会转化为成功，这些经历都会使孩子的心智逐渐走向成熟。

如果孩子在挑战的过程中，特别不顺利，遇到大大小小的挫折，那么父母所要做的就是给予正面的引导来调整和消化他们的负面情绪。

父母要告诉孩子接受挑战有利，不是有害。比如，父母可以和孩子说“没有人挑战你，就表示你根本不是人家的目标，你还没有优秀到让别人想要挑战的地步。人家不把你放在眼里，那你反而要检讨了。怎么大家都不注意你呢？怎么没有人打击你呢？怎么别人都不给你打小报告呢？”让孩子做一番全面的思考，常常反省自己，他就会长进。

合理引导　帮助孩子应对困难

孩子出现问题，父母过分重视或完全忽视，这两种态度都不好。

比如，孩子给你看成绩单，如果你正在忙，你说好，留在这里，我忙完马上看。如果有时间你就放下来看一看，问他，你这次是比上次进步还是退步，他说比上次退步，你就可以询问他退步的原因。孩子解释最近比较忙，没有去准备。你可以建议他，不忙的时候，再把这些温习一下，下次考好就好了。如果孩子就说，不想读书，读书很吃力，你就要问他原因。然后他就会摆出很多理由或困难，你就慢慢从中知道了原因。然后，父母要告诉孩子该怎么办，可以说“一次考试成绩并不代表什么，每一次考试都是一次新的挑战，你要勇于接受挑战，我帮你一起查漏补缺。”如果这时，孩子还有畏难情绪，父母还可以引导说“下次再考不好也没关系，人生就是不断接受挑战的过程，只要努力总有一次考的好”。

我给各位一个建议，小孩遇到一些困难和挑战，没有办法表现的好，父母就要给他一些指导。如果他听了，就会去照着做。如果他听不懂，那父母就辅导和协助，帮助他一起应对挑战。

事前提醒　帮助孩子顺利过关

孩子长大成人进入社会后，面临的诱惑和挑战会更多。不仅是困难和挫折，可能更多挑战来自无形的精神层面，比如对其意志力、自律等诸多方面的挑战和考验。这时父母要做的就是告诉成年子女，不管处在什么阶段，最好要守分，守分是一辈子的好习惯。

做大官要守分，做小市民也要守分，有钱要守分，没钱还要守分，到国外其实也要守分。**守分就是约束自己的言行，不要自我膨胀。**

但是要注意，每个时期有不同的分。当基层员工有基层员工的分，当基层主管有基层主管的分，当中层干部有中层干部的分。真正到了高阶层主管，也有那个高阶层主管的分，这个分不一样，但是都要守分。所以，每一个人都要小心翼翼地迎接不同阶段、不同身份带来的挑战，然后随时去调整自己。

子女升官了，父母心里固然高兴，这时则需要提醒他，现在责任更重了，大家也更加注意你了，你要万事多加小心。

我就看到过一个三十岁出头的年轻人，突然当上了主管，父母一方面高兴，一方面就提醒他“你现在要更小心了。以前犯的错可能就会被忽略，现在那种错就已经很严重了。因为以前你官小，偶尔讲错话或做错事情，别人不会计较。现在不同了，你做同样的事情，讲同样的话，都有可能被抓住漏洞，然后被人拿去大做文章。”父母这么深入浅出的一提醒，孩子自然就懂了。然后，他父母还热心地说“你要想一想，以前碰到什么事情，怎么解决的？而现在要怎么解决？最好能做个比较和分析。”孩子在新岗位上任时会面临一些来自各方的挑战，父母的话对他来讲会非常受用。

父母事先提醒他，而不要事后去责骂他，这个原则始终没有变。小时候是这样，成为大人还是这样。

第四章 中国式教养“爱与责”之道

孩子的潜能是先天带来的，但是生活态度和习惯却是后天培养的。不管从哪个角度来看，爱都要给予相当的限制，才叫作爱。

爱孩子要对他有所限制

现在很多父母都承认自己过分宠爱孩子，一方面因为尚未准备完妥，便匆匆忙忙当了父母；另一方面因为过分相信爱的教育，认为在精神方面要满足孩子爱的需求，在物质方面要尽力满足孩子的生理欲望。岂不知爱之不当，足以害之，最终变成了对孩子不负责任的溺爱。

过度放任孩子　后果很严重

爱护孩子是亲子关系的基础，但并不是全部。父母的爱不是用来宠坏孩子，而是用来纠正孩子的不良习惯。

父母一定要喜欢孩子，但是不需要期待孩子同样无时无刻喜欢父母。有些父母害怕被人说自己不爱孩子，以致处处小心，为了要表达出对孩子的爱，甚至到了不敢管教孩子的地步。这样的父母是自私自利的，只顾自己的虚荣，却不顾孩子一生的幸福，是不是自私到相当可恶？还有的父母怕失去孩子的爱，以致什么都不敢管、什么都不敢教，甚至情愿受孩子的威胁、勒索。这种做法等于放手让孩子自生自灭，而且孩子长大以后，也一定会抱怨父母不知道管教自己。

那些小时候受到父母纵容或溺爱的孩子，在家里想做什么就做什么，进入学校以后，从自由自在的生活转向有规律的生活，首先遭遇的问题就是不容易和同学相处，对老师也很难尊敬。因为同龄的孩子往往互不相让，没有谁愿意给别人占便宜，也没有相互之间的帮助和袒护，因而不断发生冲突。这种相互磨炼的机会，正是培养孩子社会性的良好方式。**但是，在家中一切以自我为中心的孩子，会在这个社会化的过程中出现诸多的不适应。**

此外，孩子平常和父母相处，缺乏权威的感觉，对于颇有威严的老师，就会不知道如何面对。或者将老师当成和父母一样的玩伴，或者因被老师不断地关注、纠正而产生畏惧心理，更不容亲近老师并接受老师的教诲。当孩子发现学校不是家庭，老师不是伙伴，同学不会处处礼让他的时候，就会讨厌学校，不喜欢老师和同学，甚至于逃学或者厌学。

如果父母这时才发现孩子有问题，一味强迫孩子上学，孩子会觉得父母一向对自己百依百顺，现在为什么会突然像变了一个人一样？于是，原来心中所认为的“好爸爸、好妈妈”，现在也变成了“坏人”。

种种例子都告诉我们：父母纵容或溺爱孩子，固然使孩子在家里逍遥自在，但是一旦离开家庭，就会寸步难行，处处碰壁，最后受苦受难的仍然是孩子。

父母不教好孩子　别人就会替你教

有时候听到一些母亲哭哭啼啼说：“我都不打我儿子的，老师凭什么打他？”其实就是因为她不打自己的儿子，老师才替她打她的儿子。我们从来没有主张一定要体罚孩子，但是换个角度想如果父母把自己的孩子教导好，那么还需要老师动手吗？严重地说老师也不让打，那最后只有警察来打了。与其警察打，不如老师打，与其老师打，不如父母自己打，与其父母自己打，不如谁也不用打。我们把这个道理好好想一想，就知道对孩子有所限制是多么的必要。孩子需要亲情、友情、爱情甚至同情，但是更需要的是父母的正确教导。自己的孩子自己不教，那谁来教他?

父母不能放纵孩子，因为社会不会容许任何人放纵自己。父母不能给孩子完全的自由，因为社会上没有完全的自由。父母最好让孩子明白：自由是建立在不自由的基础上的，大家都遵守规定，看起来不自由，但正是因为这种不自由，大家才能够自由地生活。民主是大家做主，而不是自己就能够做主。自由和民主，都应该求合理，不合理的自由和民主，不值得追求。

为小孩好，就要给他限制，父母只是一味地放纵，于是他带着不良习气出去可能就会被别人教训，最终害的是孩子。所以，父母在家里就要给孩子相当的限制。家是让小孩感觉到安全的地方，父母给他一些限制，他不会觉得是有恶意，但如果父母一直都放纵他，孩子走向社会后，外界给他限制时，他就认为所有人都对他有敌意。

做父母的还要告诉孩子，任谁都没有充分的自由，只有限制的自由。比如，告诉孩子去别人家做客时，不能什么东西想拿就拿；一桌子人吃饭时，也不能什么好吃的上来，他都要第一个抢，即使是很想吃也要忍耐一下，然后先问问别人，这也是我们中国人常讲的“礼让”。

一个人到哪里都不可能有完全的自由。因此，从小我们就要训练孩子，不可以有太多的自由，要受到限制。

爱孩子不等于无条件满足

有些父母认为爱孩子就是满足他物质和精神上的需要。其实这是对“爱孩子”的另一个误解。

而且，事实上父母不可能事事都能满足孩子。即使父母很有钱，能给孩子物质生活的满足，但是他长大后，自己赚不到这么多钱怎么办？在精神上，父母样样都让孩子满意，但是他走出家庭后，面对各种纷繁复杂的人际关系，各式各样性格的人，没有人顺从他了怎么办？**所以，我们爱护孩子就是让他拥有应对各种不同的情况的能力，而不是无条件的满足。**

孩子的欲望和要求，确实也应该引起父母的重视，适当被满足，让他感觉自己值得被关心，被爱，但是父母要做到有限制的满足。

我举一些生活中常见的例子，比如逛超市的时候，父母要和孩子提前讲好，只准买一件喜欢的东西。如果孩子特别爱一件很贵的东西，就要约定好，让他能做到两个月之内，不买其他玩具，就可以买这个；孩子喜欢坐旋转木马，这么多种任他选，但是一共只能坐两次；去游乐园玩，也要和孩子约定好，可以选三个游乐设施，买一次零食和一个小礼物。

这些数字只是举例，父母可以视各个家庭的具体情况而定。事前把数量、要求都限制规定好，具体选什么，那就由孩子自己来，不加以干涉。

这样有限制的满足，不仅能避免争端，掌握爱与限制的度，还有一个更大的好处，就是让孩子感觉到更多珍贵的快乐，让他对每一次的选择都能认真对待，对每一次的收获都充满感恩。

对孩子有所爱就该有所限

对孩子来说，父母之爱非常重要。孩子从小就在这种爱中长大，必然是十分充实而健全的人。父母对于孩子的爱，表现在顺其自然地接受孩子的成长情况。但是，顺其自然并不是听其自然。孩子的潜能是先天带来的，但是生活态度和习惯却是后天培养的。**不管从哪个角度来看，爱都要给予相当的限制，才叫作爱**。父母爱孩子最合理的方式是爱限兼施，既要懂得爱护孩子，也要明白限制孩子。很多父母在这个地方弄不清楚，以为顺其自然就是采取放任的态度，让孩子爱怎么样就怎么样，喜欢做什么就做什么。

从某种意义上说，现代父母最大的问题之一就是不知道怎样对孩子说“不”，让孩子为所欲为，没有限制和管束，从而变成了溺爱。这也是破坏亲子关系的最大杀手。

“爱的限制”培养孩子自律

父母还应该明确的是，有损孩子的健康、安全，易让孩子养成不良性格和习惯的行为，是需要限制的。**爱必须以限制来平衡，这样才是理智的爱。**

有一位妈妈“限制”孩子的方法值得父母们借鉴：她有一个女儿叫西西，早上起床很困难，晚上也不愿早睡，有时已经很晚了还想吃零食，睡前也不刷牙，看电视玩游戏的时间更是没有节制。她只要一批评西西，西西就委屈甚至大哭，说妈妈不爱她。

于是，妈妈想到一个办法。她把西西叫过来一起商量生活的规则，商量的时候有不同的意见一定要提出，然后把约定好的规则记下来，确定了以后就要按照规则执行。和妈妈一起商量规则，西西感到很新鲜，所以很愿意配合。随后母子间开始愉快地讨论，一起约定了每天起床、睡觉的时间；每周洗澡的次数；每天看电视的时长。母女俩把这些规则写出来贴在墙上，妈妈还给西西制作了“小红花榜”作为奖励，每个月得到一定数量的小红花，可以获得礼物。当西西得到第一个奖励时，比之前拿到任何礼物都高兴。

实际上，孩子在父母的关怀和爱护下，逐渐把外界的限制转变成自律，把父母的约束转变为自己对自己的约束，最后才能成为有道德、有原则、能屈能伸、自主自律的人。

坚持“善恶有报”的教育原则

父母在亲子教育中还要坚持一个共同原则：善有善报、恶有恶报。一个人如果没有善恶终有报的信念，还相信什么呢？孩子做对了事情，一定要给他奖励；孩子做错了事情，绝对不能放过。有些父母，孩子做错了事情不但不加以教导，还给他奖励，这就是恶有善报。父母都把这个因果关系整个扭曲了，叫孩子怎么树立他的价值观呢？错误绝对不能轻易放过，这是为人父母共同的责任。

任何事情刚开始就加以注意，还比较容易解决。等到问题很严重了，谁都无能为力。不能以“爱”的名义，任由孩子错下去。

宠坏的孩子要及时补救

我国有一句古训："惯子如杀子"，所警示的正是父母过分溺爱孩子带来的恶果。

现如今，在中国家庭教育中，溺爱孩子可以说是一个非常突出的现象。我们很多父母有意无意地娇惯、纵容、溺爱自己的孩子，把孩子视为掌上明珠，百依百顺、有求必应，宠成家中的"小公主""小王子"。

事实上，这种对孩子过度的宠爱，会给他们的自身发展带来不良影响。父母毫无原则的宠溺，对孩子而言无疑是百害而无一利的，其结果必然造成对孩子的伤害。

溺爱是对孩子的一种伤害

作为父母，给予孩子的爱是无私的，但把握不好尺度，孩子则会变得无理取闹、恣意妄为，成为人们口中的"熊孩子"。无原则的溺爱和过分呵护，是父母给孩子的最可怕的礼物。**可以说溺爱是颗恶果，更是败坏孩子身心的毒药。**

每一位父母都希望自己的孩子能生活的幸福快乐，然而过度的爱变成溺爱，可能会危害孩子的一生。父母本应是孩子的第一任老师，放纵迁就、宠爱娇惯，对孩子的成长影响很坏，不仅使孩子们缺乏生活自理的能力，而且责任意识普遍淡薄。

有些父母，所有事情都依着孩子，所有的要求都一一满足，孩子就无法学会“宽容”和“体谅”。而且孩子总是被无限满足，等到成年后会养成被操控的习惯，这样对孩子的人际关系也会产生不好的影响。被宠坏的孩子长大后，无论是对社会的适应能力，还是人际交往能力都相对较弱。

还有的父母把“包办代替”视为爱，不让孩子独立做任何事情。有些孩子已经快上小学了，还不能自己穿衣、洗脸，吃饭还需要父母喂。这样的爱极易导致孩子胆小、依赖性强、适应能力差，缺乏生活自理能力和独立思考的能力。从小被宠坏的孩子长大成人后，容易缺少担当和责任感，更缺乏对父母的感恩和尊重，他会认为父母为自己所做的一切都是理所当然的。

父母过分溺爱孩子，很容易使孩子养成骄傲、任性、自私、虚荣、孤僻、依赖性强等诸多缺点，有的甚至还会产生反社会的不良行为，给家庭带来不幸。

孩子的不良习惯和行为的形成，在一定程度上与父母的娇惯、溺爱有着很大的关系。过分溺爱会令孩子失去自理和生存的能力，一味迁就纵容不是爱孩子，反而会给孩子带来巨大伤害。

面对被宠坏的孩子　父母要走出心态“误区”

如果家里面有一个被宠坏的孩子，相信所有的父母都会头痛。可是父母要怎么办呢？难道他被宠坏了，就不再是你生的？你就可以不管吗？当然不是。要管，又不知道怎么办。我要奉劝各位父母，要转变一个被宠坏的孩子，首先就是要调整好自己的心态。你的心态调整好，才可能教好他。所以，父母面对一个被宠坏的孩子，要走出心态“误区”。

一是否认，认为孩子变成这幅德行不是自己纵容或溺爱导致的，把责任推卸给学校和社会，认为是老师没有教好，社会风气不良才导致如此结果。

二是气愤，认为自己对孩子十分关心，孩子居然变成这样，因此越想越气愤，简直难以接受。

三是妥协，认为责怪也没有用，气愤也白费力气，不如就此妥协，以求相安无事。

四是沮丧，因为妥协只是暂时的过渡，时间一久各种乱象不断产生，父母越来越觉得沮丧。

五是接受，孩子被宠坏的事实越来越明显，甚至公然和父母顶撞或对骂，父母最后只好无可奈何地接受这种不幸的现实，彻底放弃教养的责任，任由孩子自生自灭。

这些态度，我都不赞成。因为孩子是父母所生，自然负有教养的责任，不能推卸。既然如此，对于所造成的错误或缺失，父母最好勇敢地承担、坦白地承认，并且不辞辛苦地想办法加以补救。

及时补救　父母责无旁贷

很多父母都有这样的疑问：我以前不懂，所以把小孩宠坏了，以前的教育观念不正确，我认为这样就是爱孩子。现在才发现事态很严重，孩子完全被我宠坏了怎么办？

当然，我们一直讲要事先防范，但是事后造成的问题父母不能说完全不管。这种事实不容我们一笔勾销，或者闭起眼睛不理会，因为它终究是社会的问题，终究是家庭的问题。**只有及时补救才有机会把孩子带回积极健康的成长轨道上。**

但是已经被宠坏的孩子，我们到底该怎么帮助他们改正过来呢？在这里，我给各位父母们提出一些参考性建议：

第一，父母要承认自己的错误，不回避事实。父母首先要勇敢地承认，一切一切都是自己的错误。有了这种反求诸己的心态，父母才能冷静而认真地从自己身上找寻问题的根源：是不是太相信爱是无所不能的，无度地满足了孩子的各种需求；是不是出于保护孩子的心理，情不自禁地和孩子站在同一阵线共同对抗老师；是不是自己言行不一，给孩子造成了众多的不良示范；是不是家庭缺乏温馨和谐的气氛，家人时常吵吵闹闹，动不动就污言秽语，使孩子产生心理压力或逆反行为……凡此种种，父母都要坦白地承认，勇敢地面对，才能调整自己的心态。

第二，父母要忍耐再忍耐，坚决不放弃。父母反求诸己之后，就要有百折不挠的精神，换句话说就是永远不能放弃孩子。在补救的过程中，父母需要忍耐再加忍耐，以对孩子负责到底的毅力，以求感动孩子，改过向善。

对于孩子已经产生的偏差行为，不能用强制的方式、专横的手段，要求限期改善，这样是从一个极端走入另一个极端。父母想要改变孩子，最好的办法还是先改变自己的态度和行为。因为唯有父母先改变，孩子才会逐渐随着改变。如果父母不能改变自己，却片面地要求孩子改变，恐怕十分困难，一定是徒劳而无功。

为什么说浪子回头金不换呢？因为从来没有变坏过的孩子，对于社会的黑暗面，并没有足够的机会去认识。对于温室以外的复杂环境，完全没有调试的能力。一旦面临生活情境的变化，往往因为不知所措而受到严重的伤害。我们当然不鼓励先让孩子变成浪子，再设法促使其早日回头，以便成为金不换。但是把孩子培养成为温室中的花朵，毕竟适应力太弱，也不是好事。所以，让孩子在安全范围内，了解一些人间的不平和丑陋，应该也是教养的一大课题。

第三，父母要坚信只要力度够强，一定有效果。如果父母接受这样的建议，而且身体力行，又花费了很多时间和精力，但是效果不理想怎么办？我们的看法是所用的力道还不够大，最好保持信心，继续努力。改过很困难，但是很可贵，其实就是因为困难，才会可贵。如果一切都很容易，那就没有什么可贵之处了。

不要认为好的就会好到底，坏的就会坏到底，没有这回事。人的观念很难改变，但是习惯和喜好随时都会改变，所以小时候的习惯并不代表孩子的一生。父母对孩子要有信心，不要有看不起他的想法。父母看不起他，他就会越来越糟糕；如果对他有信心，他一定会越来越好。**人生是长期的竞赛，过程不断变化，不必太在乎短期的优胜。**等到有一天浪子回头的时候，父母会发现孩子比以前更加可爱，很值得父母为此所做出的努力。因为亲子关系是永久的，孩子是永远不能割舍的。一切都是自作自受，真的没有什么更快速的捷径可走。

反思自省　注重教育方式

孩子被宠坏了，父母不仅要及时采取补救措施，更应该反思，是不是自己的家庭教育方式出现了问题，比如对孩子过分关注、有求必应、当面袒护、包办代替等。只有经过深刻的自省，找到合理的方式方法，才能更加科学的教育孩子。

一个被宠坏的孩子，从某种意义上说，他们不知道界限是什么，也更不清楚哪些该为、哪些则不该为。

世界上没有天生的“熊孩子”，也没有与生俱来的好孩子。我见过公共场所遵守秩序，公交车上主动给老人让座的孩子，也见过抢占座位让老人在旁边站着的孩子。如果孩子第一次出现不良行为时，家长就能立即进行制止，并告诫他这么做不对，孩子就会意识到这件事情不能做。

要知道孩子还处在成长阶段，也是家长培养孩子成为有责任感和有担当的成年人的重要阶段，这个时期的孩子需要父母进行科学的教导。

那么，父母要如何开展教育才能避免孩子被宠坏呢？

第一，平等对待，坚持原则。教育孩子要平等，不能同等条件下给的太多也不能太少。坚持原则，不能随便妥协或为解决问题任意作出承诺。不搞特殊化，不能因为孩子还小，就给予他特殊的待遇或特权，孩子犯错了就轻易原谅，而不进行严格的批评。

第二，有错必纠，将矛盾消除在萌芽状态。如果孩子犯了小错误，父母要给他讲明白其中的道理，并责令其改正，鼓励他做一名文明优秀的好孩子。

第三，从小培养生活自理能力和生存能力。孩子的独立成长需要父母的鼓励和支持。孩子能做的事情最好放手让他自己去做，父母不要担心孩子做错了或做的慢，包办代替会让孩子失去动手能力以及责任心，所以要给孩子提供更多尝试的机会，如此才能培养出一个勤劳能干的好孩子。

在家庭教育中，父母要谨防溺爱孩子的倾向。作为明智的父母，对孩子的爱要回归理性，给孩子正确的引导，而不是给过多的需要。教会孩子们懂得自律、责任、善良、宽容、有爱心，这才是真正的爱子之道。

孩子到底该不该打

孩子做了错事，父母必须要进行一定的惩戒，千万不能睁一只眼闭一只眼，这样将不利于孩子良好习惯和性格的养成，但是到底该用什么手段和方法对孩子进行惩戒呢？

有人说“棍棒底下出孝子”，又有人说“打孩子是野蛮教育”。实际上，教育孩子是一个非常个性化和充满不确定性的问题，对待不同性格、不同年龄、不同环境下成长的孩子，家长的教育和惩戒方式也应该有所不同。“打与不打”，父母都应该遵循合理的原则，要学会管教孩子的智慧。

打与不打　要看合不合理

父母的惩戒要合理，让孩子能心悦诚服。打的合理就可以打，打的不合理根本不可以打，因为中国人什么事情都讲究合理。

那什么叫作合理？

很简单，第一，父母不能在发怒的时候打孩子，这是绝对禁止且不合理的事情；第二，把小孩当出气筒，别的地方受气回来打他，借助打孩子发泄自己的情绪；第三，完全不听孩子的解释，也不进行教导，孩子犯了错，不问青红皂白就以体罚处置；第四，父母认为只有打才能起到管教作用，孩子犯错不打就是放弃责任。其实，这些都是不合理的。

有的小孩可能要打才能让他引以为戒，而有的孩子是可以不打的，就像鼓一样，有的鼓轻轻一敲声音很大，有的鼓敲破了都没有声音，响鼓不用重锤，轻轻一打就可以。乖巧的小孩，点他一下就通了，让他有警戒心，自己就会管好自己。

每个小孩都不一样，因此家庭教育没有一定的理论，都是随机应变的，什么样的家长、什么样的孩子，彼此怎么样互动，是一门需要深入研究的学问。

纠正 从孩子第一次犯错开始

孩子犯错，父母除了要进行合理的责罚外，还要坚持一个重要的原则：孩子第一次犯错绝对不能放过。

当孩子第一次做了错事，你没有说他，第二次犯错你说他，他就觉得很奇怪，为什么上次可以，这次不行。在孩子的心里就会认为，那就是父母高兴的时候就可以，不高兴就不可以，以后他就会躲着你。

我常看到很多孩子老躲着爸爸，就是他觉得爸爸一不高兴我就倒霉，不是我做错了他才骂我。所以，我们做父母的，一定要让孩子知道，父母打他是因为他犯错误，不是不高兴要打他，家长没有理由因个人情绪打孩子。

所以，在孩子犯错的一开始，家长就应该进行纠正，对该惩罚的行为要始终如一地进行，而且要说明孩子错在哪里，正确的做法应该是什么。如果孩子第一次犯错时，家长不及时纠正，长此以往就会给孩子造成这样的印象：我做的是对的！从而会导致他第二次、第三次犯同样的错误，或者会让孩子形成习惯。当孩子已经养成了习惯，父母们再来指出错误，让孩子改正，那将是一个漫长的过程。

把第一次抓好，父母就能帮孩子杜绝很多不好的习惯，今后的教育也就会越来越轻松。

同时，我们还应该了解，大人的语言通常小孩听不懂，动作小孩更看不懂。所以纠正孩子第一次错误时，尽量站在孩子的立场，循循善诱。

比如孩子从外面拿着东西回来，父母第一句话就问“你是不是偷人家东西？”其实孩子很冤枉，他连偷这个字都不懂，父母怎么可以说他偷东西？好的方法是问孩子“你这东西哪里来的？给我看看，怎么喜欢这个东西，我也蛮喜欢，你从哪里拿来的？”孩子说在隔壁看到的，这时就可以说“隔壁看到是别人的，你不能拿回来，人家拿了你的东西，你会着急，你拿了人家的东西，人家也着急，要不要我们一起还给人家？”如果孩子答应了，就说明他没有存心要偷，如果你开始就一口咬定是他偷的，他会觉得冤枉。人是一张白纸，慢慢才开始染上一些东西，不是先天有这个观念。

打的目的是让孩子认识错误

其实，没有谁会主张打孩子，因为体罚没有意义，但是，父母一定要让孩子知道自己究竟错在哪里。通过责骂体罚这个手段来实现教育的目的，让小孩明白自己的错误，父母的责任就尽到了。可偏偏有的小孩，父母怎么讲就是听不进去也听不懂，他只知道挨打会疼，其他没有任何反省。还有的小孩已经被打习惯了，就更没有任何意义和效果了，这种打比不打还糟糕，直到最后他还是不知道自己错在哪。所以，我一直说体罚孩子不是目的，是最后的一种不得已的教育手段，其目的是要让小孩知道错误在哪里。父母打孩子前，一定要与孩子有语言交流，让孩子知道自己错在哪里，犯了错就要承担责任。

有的父母火气一上来就打孩子，很多孩子被打半天还不知道错在哪，父母也不指明原因，这是发泄不是责罚，甚至说成虐待也不为过。

我的建议是小孩子要警告五次，他若屡教不改，父母才可以考虑体罚，效果才好，要记住警告和教育的过程很重要。

当然，你可以做到不打，表示你高明，你非打不可就是最后一招，如果你连最后一招都放弃了，就不是一位合格的父母。

此外，别人的小孩我们也要尽心去教他。比如你儿子的朋友到家里做客，你先看到他的鞋子很脏，就提示他鞋子在外面踩一踩，把泥巴踩掉，然后欢迎他进来，他即学到一点常识，你也不会事后骂他，你的小孩也不会很难过，这才是大人的教育责任。

打不是必需的　教育的过程更重要

父母教育小孩，一定要帮助他了解什么是错误的。比如他吃饭不专心把汤匙打破了，你就打他，孩子就觉得是汤匙重要，他的手不重要，他痛也不重要，他就开始怨恨父母。所以，做父母最要紧的是要先把自己的情绪稳定住，每一个人都要学会控制自己的情绪。这时，你应该跟孩子说“汤匙破了就破了，手没烫着就行，如果你好好吃饭，小心一点，汤匙就不会打破了。”让孩子明白，他的错误不是在于汤匙被打破了，而是在做事情不专心也不小心。

孩子第一次犯错，父母就告诉他错在这里，比如怎么样做事情错误就不会发生，让他学到一些防范的知识。第二次又打破的时候，就可以责骂怎么又破了，如果下次再破了就可以打他，让孩子知道父母不是要打他，而是帮助他记住不可以再做这种错事。第三次又来了，该打，如果孩子有眼镜的话，让孩子先把眼镜拿下来，告诉他被打的时候眼镜容易伤到眼睛，让孩子感受到父母还是爱护他的。然后打哪里让孩子自己选一个部位，这样的过程才叫教育。

父母教小孩是要帮助他养成好习惯，让他记住很多道理没有用，因为思想和行动往往是不一致的。凡是父母严到不合理的时候，教出来的都是假孝子，做父母的威严要一直延续到孙子那一代，这才是成功的父母。

惩戒孩子要学会斗智不“斗力”

那么，责骂体罚孩子就一定能起到教育作用吗？

其实不然，有时候父母善于采用巧妙的方法，“不打不罚”，孩子也能乖乖听话并认识到错误。所以说，家庭教育不可“一刀切”，父母要针对具体的情况，孩子犯错误的程度等，选择责罚的手段。

我也一直主张，父母能用智慧的方式教导孩子，就尽量不要打他。关于这点，下面分享一下我的几点经验：

如果孩子犯了错，家长立即板起脸来或大发雷霆，导致孩子一紧张什么都听不进去，这时你的训诫就完全失去了效果。我们中国人的沟通和西方人的沟通存在很大差异，父母要记住讲的话首先要让孩子听得进去才能发挥功能，才有教育的效果，根本听不进去再对也没有用。

讲一个发生在我家的事情：我的孩子很小的时候，拿个彩色笔在屋子的墙壁上乱画。我特别生气，但是也没有骂他，因为我觉得责骂没有意义，我就笑着对他说“原来你这么会画画，爸爸居然从来没有注意过”。我先要让他开心，一个人在开心的状态之下才会更容易接受别人说的话。所以，我得先让孩子心情放松。

我这么一说，他果然很高兴，于是就不会防备我，这时我就可以进行教育了。我说“你以后画完的画留存好，我们周末拿回去给祖父看看，看你是不是画的很好。”然后孩子回答道“爸爸，画在墙壁上怎么拿的回去？”我赶忙顺势说“对呀，怎么我没有想到，你要怎么才能拿回去？”孩子立即说“要画在纸上啊！”于是我夸赞道“哎呀！还是你聪明。”他就去将画画在纸上了，我教育的目的也达到了，并没有对孩子进行任何打骂。

然后，孩子画在纸上后，我真的在周末带他的画回去给祖父看，祖父夸奖他画的真好。回到家后，我就会趁热打铁继续展开教育，我说“你以后还要不要在墙壁上画？”孩子自己就说不要，我问他为什么。他说“又带不走，画在墙壁上干什么。”我说“那墙壁上的画，我帮你擦掉好了”他说“我自己会擦”。这个结果多好，对待孩子犯的错误，我没有放任，也没有打骂责罚，坚持严格的态度，巧妙地运用了方法，最终达到了目的。

所以说，小孩做了错事，与其责骂体罚或滔滔不绝地说教，父母完全可以多动脑筋，采取更智慧巧妙的方法教育孩子，效果可能会更好。大人和小孩不要斗力，要斗智。

此外，做父母的一定要记住，大人比孩子强的地方是大人比孩子成熟，更懂得控制情绪，孩子不懂，他动不动就哭，一哭就什么事都没有了。孩子犯了错，父母首先要控制情绪，不要立即火冒三丈，让孩子在相对轻松的状态下接受教育往往效果可能更好。

做父母的第一不要跟小孩斗气，第二不要斗力，你现在打得过他，总有一天你打不过他。要学会斗智，把你的智慧转给他，开发他的智慧，他自己也会学到很多有益的东西。

第五章
中国式教养　父母只需做好四件事

父母在替孩子做事时，要让孩子感受到父母对他的喜爱之情，而不是心不甘情不愿，当作一种义务甚至是累赘地做。

第一件事：替孩子做事　没那么简单

我接触过的很多父母，大家都感慨做父母太难，家庭教育很复杂，自己又不是专职父母，每天不仅要工作，还有生活琐事要处理，哪能把全部心思和时间都花在教育孩子上面。不可否认，这也确实是当今父母们在育儿过程中正在面临的矛盾现状。家庭教育很重要，但家长们又没有办法专心专意只做这件事，那怎么办?

其实，家庭教育只需用心做好四件事，所有问题就能够迎刃而解。

第一件事，就是父母要替孩子做的事。**父母替孩子做些什么，这一点很重要。**在所有的动物中，人类的后代对父母最为依赖，最不容易独立生活。一只小鸡出了蛋壳，便能行走、觅食。还有一些动物，连父母什么样都不知道，根本是自生自灭。但是人类做不到，一个婴儿要想能够行走，非一两年时间不可。如果没有父母的照顾，则很难实现。而且想要独立谋生，更非一二十年不可。

身为父母，必须明白人和动物的这种区别，要把后代当“人”看，特别是幼儿阶段只有替孩子做些事情，孩子才能慢慢长大。在孩子还小的时候，替他去做事，也能让初为人父母的你，真正感受到：原来父母曾为我也做过这么多，于是就会更加懂得要对父母孝顺。小孩耳濡目染，长大后也会更懂得孝顺父母。

父母不能忘记孩子是个“人”，是人就有人的需求。然而我发现有许多父母，不把孩子当“人”看，这也是家庭教育中非常严重的一个现象。小孩从一出生就是一个人，然而有些父母认为，孩子特别小的时候只要吃饱穿暖就好，没有什么太多值得操心的事，于是慢慢就会对孩子的需求有所忽视。要知道，替孩子做事，真的远比你想的要复杂得多。

对婴儿期的孩子要有求必应

婴儿刚出生时什么都不会，一切都要依赖父母，否则没有生存下去的可能。人的依赖性可以说是先天的，每个人刚生下来，都要依赖父母而活，这是无可奈何的事，是人类的一种共同的命运。

那么，孩子生下来的第一件事情就是哭，为什么要哭？其实倒过来想想就明白了——孩子如果不会哭，根本就活不下去。孩子不哭，父母以为什么事情都没有，只顾忙自己的，最后饿死了可能都没人知道。所以哭是小孩子的生存武器，在不会说话的时候，他只有用哭来表示自己的需要，吸引大人的注意，寻求关心和照顾。

小孩一哭，父母就开始替他张罗，看看是不是要吃奶了，是不是尿片湿了，是不是躺久了不舒服……父母自己不会做的事情都需要别人帮忙，更何况小孩呢？认为孩子的事情跟大人没有什么区别，这种想法分明是以为自己生下了个动物或者怪胎，而忽略了孩子是个活生生的人。

婴儿期的孩子不会做的事情，父母不仅要替他们做些事，还需要时刻给予孩子密切关注，留心他的各种需求。

第一，婴儿同样需要互动沟通。我经常听到有些家长把“小孩子懂什么？”这句话挂在嘴边。千万不要认为婴儿期的孩子什么都不懂，他虽然不会讲话，但是什么话都会听。他心里甚至明白父母在想什么，为什么会这么做。**婴儿期的孩子已经具备了对情绪的感知能力，只是不会用大人的方式表达出来，以至于父母认为他什么都不知道。**

一个人的自信心奠定在出生之后的八个月至十八个月之间，差不多十个月的时间，对孩子的一生产生的影响最大。这个期间，母亲是最重要的因素，而且几乎是唯一的因素，对婴儿的智能具有无比大的影响力。**父母最好有这样的心理认识，平时注意多跟婴儿进行互动和沟通**。孩子的大脑经常接受外界的刺激，将来才会越来越发达、越来越聪明。如果总是让孩子一个人孤零零地躺在床上，长大了就会反应迟钝，头脑麻木。

第二，关键是使孩子感受到父母的爱。父母的爱是孩子成长过程中无可替代的力量和滋养，只有爱才能确保孩子身心的正常发展。贫困的家庭，哪怕物质条件非常困乏，孩子如果能够承受父母丰富而持久的爱，照样可以成长得非常优秀。富有家庭的孩子，即使物质条件十分丰足，如果没有父母爱的伴随，也有可能成长得不健康。

父母在替孩子做事时，要让孩子感受到父母对他的喜爱之情，而不是心不甘情不愿，当作一种义务甚至是累赘地做。

以给孩子换尿片这一日常事情为例，如果父母只是简单弄一下，孩子也能感受到你的不情愿。最好能一边换一边跟他对话："妈妈刚才没有注意到你的尿片湿了，现在马上就帮你换，换完就舒服了。"这时，你观察他的感觉如何，他是能有所感知的。也许很多人质疑，小孩也听不懂。其实不然，小孩只是不会讲而已。尿片取下来，让孩子的小屁股透透气，帮他动动手，动动脚，做做全身的运动，然后再重新包上，不要觉得麻烦，这个活动的过程还有助于锻炼孩子的手脚协调性。做同样的事情，花费同样的时间，但是通过这样的互动，可以让孩子感觉到父母对他的爱。

父母替孩子做的事不只是机械的完成或者应付差事，要通过行动让孩子感受到爱的存在，而不是总靠嘴巴去说"妈妈爱你""你真可爱"之类的话。这样教导出来的孩子容易表面化，变得有口无心。

我描述一个生活中的场景，方便大家理解什么是真正的关爱。比如有的父母见孩子从外面淋雨回来，浑身湿漉漉地站在门口就开始教训他："你怎么总是这么不注意，被雨淋了会生病你知道吗？”骂他半天，然后让他去换衣服，本来不生病也被骂到生病了。有爱心的家长二话不说，先帮孩子擦干身上，然后拿来干衣服让他换上，再来问为什么会这样，这才叫作爱心。

父母要通过合理的方式，时时让孩子有被关爱的感觉。也就是从小到大的每一个阶段，每一个时期，父母都需要倾注对孩子的爱。孩子知道父母爱他才会教他，就比较容易接受父母的指导，从而孕育成为自己的生活信念。父母这样用心，这样细心，孩子长大以后才会心中有父母的存在。

第二件事：教孩子做事　有原则可循

如果父母一直都事无巨细地替孩子做所有的事情，后果就是孩子永远无法成长和独立。现代孩子的动手能力普遍较差，就是父母替他们做的太多了。所以孩子到了一定的年龄后，父母就要教孩子去做些事情。这也是家庭教育中第二件重要的事。

教孩子独立去解决一些问题，处理一些事情，这样他慢慢就会做了。举一些生活中简单的例子，比如送孩子上幼儿园前，父母就要让他学会自己穿脱裤子进行大小便，自己会使用餐具等。六岁入小学，父母要告诉孩子每天必须自己穿戴整齐，才有资格进校；晚上睡觉之前，要整理好自己的书包，准备好第二天要穿的衣服等。聪明的父母在日常生活中，会教孩子有条有理地做事。这些都可以帮助孩子养成良好习惯。

父母们一定不要认为小孩不懂，就可以不教，其实孩子一出生他就懂，他就有接受教育的能力，所以千万不要错过这宝贵的时光，而且在那一段时间内孩子的学习能力超强。

教孩子做事需坚持三个原则

父母教孩子做事情，不可完全凭主观，也要坚持三个原则：

第一，注重孩子成长中的个体差异，不能揠苗助长。父母教养孩子的过程，大多可以划分为婴儿期、幼童期、儿童期、少年期以及青年期等不同阶段。而这些不同的时期，也大多可以归纳出一些指标来判断孩子的身心发展是不是正常。比如我们常讲“三翻、六坐、七滚、八爬”，这是说婴儿三个月会翻身，六个月可以坐起来，七个月能来回滚，八个月就会爬行了。但是任何一本此类书籍上所写的，都是孩童成长的一般性、概括性的规律，只是平均指标，并不是绝对数值。孩子在实际成长过程中，父母教的和书本中所说的难免存在一些差距，父母不必大惊小怪地认为自己的孩子有什么欠缺，或者出现了什么问题。

每个孩子的体能不一样，发展的过程也不一样，生长发育存在个别的差异是十分正常的现象，不能一概而论。孩子到六个月了还不会坐，只要不是生理问题，七个月坐又能怎么样呢？有一点需要特别提醒，爬行对婴幼儿很重要，孩子越会爬将来越聪明、越健康。最好在家中隔离出一块安全宽敞的区域，由父母在一旁协助，鼓励孩子多在地上爬一爬。但是不要强制，累了就休息一会儿，否则就是揠苗助长了。

除了饮食、睡眠、行走等生理行为，父母在其他各方面也要做到顺其自然，让孩子自由自在地成长、学习。孩子今天不会算加减法，也许下个月就会了。今天写不好字，也许过阵子就写得像模像样。别的孩子都会骑单车了，自己的孩子晚一点学会也许更安全。这些事情都是没有定规的，不能全部按照一定的时间点，强迫孩子去做。

第二，鼓励孩子注意尺度，不可过分赞誉。影响孩子行为的因素当中，奖励和惩罚具有重要的地位。奖励最有效的其实是赞赏，而最佳的赞赏则是关心，这对孩子正面的影响效果，胜过责备、打骂、惩罚几十倍。孩子拿成绩单给父母看，父母如果连看都不看一眼，孩子的心里得不到关注和支持，认为再好的成绩也得不到父母的关心，很可能因此而不再努力。父母若是表示关心，口头给予鼓励：“比上次进步多了，下次再加油！”并不需要什么物质上的奖励，孩子就觉得满足。

但是鼓励也要有原则、讲方法，才能产生良好的效果。有些父母，特别是母亲，把孩子当作一种成果来炫耀，喜欢在众人面前夸耀自己的孩子，这是一种只顾自己、不顾孩子的自私行为。长此以往，一方面孩子会觉得自己当之无愧，慢慢越来越变得不知天高地厚；另一方面孩子模仿父母的作风，长大也会到处吹嘘自己，在不知不觉中引起别人的厌恶，搞坏人际关系，到头来自己倒霉。

孩子身心健全，父母当然内心高兴，但是乐在心中就好，不必表现出来，这才是真正关心孩子的表现。比如一个孩子放学从校车上下来很开心，老远就喊："妈妈，妈妈，我考了一百分。"如果妈妈也天真，同样上去抱住女儿大声说："我女儿能考一百分，是最棒的孩子。"那是在害自己的孩子，因为隔壁的妈妈听了完全没面子：你的女儿考一百分是最棒的，我儿子考六十分就是最笨的吗？

孩子可以天真无邪，但是妈妈不能也不懂事。会当妈妈的人听到孩子这么说，根本不会有任何反应。等到回家把门关上，再对女儿说："考一百分妈妈很开心，但是你这样喊，别的阿姨可能会不高兴，万一找机会拿你出气怎么办？"这才叫中国人的家教。一个人会引起别人的嫉妒，自己有相当的罪过，迟早要承担相应的后果。母亲要教会孩子保护自己，否则没有人保护得了他。现在父母就让孩子四处去表现，将来受到的打击就很大，挫折感就很严重，最后的人生就很苦。

鼓励孩子要在私底下进行，而且要有条件。比如孩子的数学成绩最近很有进步，妈妈应该告诉孩子的是："你看你稍微用功一点，成绩就能有所提高。以后再加把劲儿，还会有更大的进步。"单单这样还是不够，要继续告诉孩子："只要你养成这样的习惯，妈妈会更高兴。"可是现在很多父母，总告诉孩子"你永远是最棒的"，这是跟人讲客套话，对孩子的成长没有好处。

有些父母认为大的表现当然应该奖励，这么小的表现哪里用得着大惊小怪。其实，奖励小的表现，孩子才能够有大的表现。如果小的表现没有获得奖励，孩子就没有兴趣做大的表现。我们不赞成公开表扬，却十分支持私底下给孩子一些鼓励，帮助他加强信心，就可以做得更好。

第三，父母要有耐心，不能伤害孩子的自尊心。天底下几乎没有一教就会的孩子，如果人人都是天才，那还了得？所以父母不要动不动就不耐烦，多教几遍没有什么大不了的。孩子不会用牙刷，不会刷牙，父亲要告诉他：我像你这么小的时候，也不会用牙刷，不要着急，慢慢来。这样孩子才会有正确的认识：原来爸爸以前跟我一样不懂，现在他懂了，可见慢慢我也会懂。孩子的信心就是这样培养出来的。我不建议父母把“你最棒”挂在嘴上，更不提倡对孩子说“你怎么这么笨”，那样孩子很容易产生自卑的心理。

大人之间偶尔使用冷嘲热讽的方式，还可以收到令对方知过必改的作用。但是用这种方式来对待自己的孩子，除了伤害孩子的自信心和自尊心，别无好处，父母最好不要使用这种方式。比如一位妈妈教儿子写毛笔字，见儿子写得难看就讥讽他：“用脚夹着也不至于写出你这样的字。”结果儿子从此任凭妈妈怎么好言相劝，也不肯再练书法。

类似这样的话，父母有些时候是脱口而出，未必真有嘲笑孩子的意思。但是孩子分不清什么是玩笑话，往往也会把玩笑话当真的。孩子会想如果不是这样，父母为什么会这么说呢？孩子正在自我观念的塑造阶段，父母开这样的玩笑，实在是不自律的表现。父母更没有权力把孩子的缺点讲给别人听。“我儿子八岁的时候还尿床”，妈妈在别人面前讲这个干吗？孩子会认为这是在侮辱他，一定会在心里记恨妈妈。千万记住：父母没有资格讲孩子的笑话。**人都有自尊和人格，不容许别人随便侵犯，孩子也是一样。**

教孩子做事要突破两个难点

教孩子做事情的时候，父母除了要坚持以上原则，还有两个难点需要突破。

第一，把握适时适度。父母专心教孩子做事，才能观察出孩子是否能接受你的教导。起初做事情的时候，父母可以暂时替他去做，然后就要边替他做，边教他做，让他自己去独立尝试一部分，实在不行父母再去帮助他，这个循序渐进的过程能让他学到越多，父母替他做的部分也就越来越少。父母一定要把握好教的度，留出一部分空间让孩子自己去作决定，对培养孩子的创造力非常有益。

所以，教孩子做事情，家长不仅要用心，更要按照适时适度的原则。如果把握不好，就会出现一些问题。比如家长替孩子做的事情太多，孩子将来不独立，依赖性强；教孩子太快，他根本就学不会，也就不想学。很多小孩不想学，与父母的“急于求成”有关，父母希望教孩子一遍他就会，不会就认为孩子不认真，进而斥责，那孩子难免会产生厌学心理。

第二，拿捏好让步的分寸。父母如何把握好对孩子让步的分寸非常难。教孩子做事时，由于事情的困难程度不同，很多孩子会提出一些要求，有的想减轻做事的难度，有的想延长完成时间，有的要求换一件其他事情代替等。孩子提出要求时，如果父母让步过多，久而久之有可能会把孩子宠坏，如果完全不让步，又让孩子觉得大人“不近人情”，忽视自己的诉求，不被重视，这样就容易造成孩子的逆反心理，将来也容易失去自主性。

所以，拿捏好这个分寸对父母来说是一个难点。如何拿捏得好，需要做父母的视自己的孩子和实际情况来权衡。如果孩子自身比较好强好胜，父母可以做出少许让步，并用孩子的好胜心引导他，即使当时做不好这件事，孩子也会把做好这件事作为一个挑战的目标。如果孩子自身比较缺乏自信心，父母不妨退而求其次，先让他完成简单的事情，孩子有了信心以后，再来应对难题，就不会像刚开始那么让人头疼。

第三件事：陪孩子做事　要讲究方式

人都有一种想法，自己不会做的事情，都希望别人来帮忙。自己能够完成的事情，就不愿意别人再来插手。孩子随着逐渐的成长，当被父母教会一些事情以后，就想自己独立去尝试，而不愿再被过多干预。但是，他仍希望父母会陪在身旁，不愿意受父母的限制或管教，却需要父母陪，看着自己去做事情。因为有人陪着总是比较安心的，尤其是小孩更有这样的心理需求。所以，父母陪着他就好了，这也是父母享受陪同孩子长大的乐趣。

我这里要提出的家庭教育第三件重要的事，就是父母陪孩子做事。

父母常陪孩子做事益处多

我建议父母多留出时间，经常陪孩子做一些事情。比如可以通过陪孩子做游戏，使孩子有机会扮演各种不同的角色，从不同的角色当中培养出各种不同的乐趣，分享彼此的经验。因为孩子的生活重心就是游戏，幼儿教育多半是在游戏中进行，这便是所谓的寓教于乐。父母一方面在陪孩子游戏中，引导孩子去学习他所需要的经验，另一方面唯有在与孩子共度的过程中，父母才知道孩子实际的成长状况。

而且父母陪孩子做事时，也是最好的观察机会，还可以看孩子是否发育正常。比如等孩子开始要爬了，父母要提供一个比较宽敞的空间让他自己去爬，但是不要强制也不要过多进行协助，只需在一旁静静地陪伴，还要给予孩子鼓励的目光，至于孩子做得好坏，他自己会摸索着去学习。

陪孩子做事要讲究方式

父母陪伴孩子做一些事的时候，既要讲究一些方式方法，也要让孩子感受到你的专注与耐心，这两点非常重要。

第一，陪孩子做事时不要过度说教。有父母在旁边陪伴，孩子会很高兴地去完成自己的事。在这个过程中，父母与其讲得过多，不如看看孩子哪里需要帮助，偶尔说一句的效果好。家庭教育不像学校教育，不需要长篇大论，要不然怎么算家庭教育？如果父母整天跟孩子讲大道理，那么父母就变成老师，而不是父母了。许多父母喜欢在孩子面前滔滔不绝，很少去听孩子说话，这种做法只会制造跟孩子之间的紧张和冲突，使得两代人之间更加不能相互了解。人都愿意接受对自己有帮助的言论，而不喜欢听大道理，整天长篇大论，时间久了会被当作耳边风。**父母和孩子说话，要站在孩子的立场来思考，用他听得懂的话去表达，说到他能听得清楚明白为合宜。**长篇大论没有哪个孩子听得进去，父母陪同孩子，最主要的目的在于通过观察孩子的行为，了解他的动机是什么。所以最好的方法是多用耳朵听听孩子都说些什么。父母用心听孩子讲的话，才能够从中听出真正的用意。孩子把心中的困惑或问题说出来，对父母了解孩子有很大的帮助。孩子的意见如果和父母一致，可以鼓励他，称赞他，以增强他的信心。如果不一致，必须加以疏导、沟通，不能责骂他、取笑他，不能严格规定他要接受父母的意见。在可以接受的范围内，尽量尊重孩子的意见，孩子才会乐意和父母沟通。

第二，陪孩子做事时不要过分热心。在陪同孩子的过程中，需要对孩子进行合理的限制。我们不要看西方人很自由，就把限制看成是坏事情。其实就连西方对未成年孩子也有严格的一面，妈妈常用的一句话就是“Don’t do it”，不要做这种事。如果什么都无所谓，那就不是自己的孩子了。但是有了合理限制之后，父母就不要再过分热心地去干预孩子，否则会变成一种障碍，令孩子生厌。

比如爸爸陪儿子一起玩积木，只要告诉他积木不能往嘴里放，不要四处乱扔就好了。剩下的就让孩子凭借自己的想象力去创造，这才是玩玩具的目的。可是有的爸爸就是太热心，本来儿子玩得很高兴，爸爸偏偏在一旁告诉他：这个门搭得不够宽，那座楼盖得不够高，说来说去分明是爸爸自己在玩。如此一来，孩子根本就没有兴趣，可能干脆不玩了。

有的父母在陪孩子玩游戏的过程中，忘记了自己的责任。天底下哪里有童心未泯到把自己也当作小孩一样的父母？偏偏有很多人就是这样，和小孩玩到忘记了自己，甚至和小孩玩到吵架的地步，真的是忘记了我是谁。父母自己心理不健康，当然也会影响到孩子的心理健康。

第三，陪孩子做事时不要三心二意。父母陪同孩子时，不要再去做自己的事情。比如婴儿笑的时候，父母也跟着笑，彼此产生交流，才是共同度过。有的父母名义上是在陪孩子，实际上却在一旁上网聊天、玩游戏。这样形式上的陪同，当然不会收到好的效果。既然陪他，就要让他切实地感受到。父母想想将来自己生病的时候，孩子虽然坐在旁边，手上却在玩着电脑，会是什么样的感觉？所以陪孩子做事不要走形式而是要注重质量。而且父母必须依据孩子成长的情况，按阶段调整自己的教育方式，以配合孩子的心态。然而父母对孩子成长的情况并不了解，怎么能够合适地调整做好阶段性的改变呢？

父母陪同孩子的目的，是通过共度的过程仔细地观察孩子的成长状况，然后根据孩子的言行和身心情况，调整完善在家庭教育中的方法和节奏。一方面了解孩子的状况，不会做的暂时替他做，一边替他做一边教他，再让他自己去尝试，不行的部分再来帮助他。另一方面耐心观察孩子的优缺点，对于优点私下鼓励，对于缺点加以有效指导。这样孩子慢慢懂的越来越多，父母替的就会越来越少。因此父母在陪同中，唯有处处留心，不断地观察和了解才能有所把握。

父母了解孩子状况的目的，并不是为了炫耀父母的精明，完全是出于有效辅导和合理教养的需要。所以父母发现问题，不要马上公开说出来，否则只会增加辅导的难度，对孩子有害无利。可惜很多父母在对待孩子时，经常忘掉隐恶扬善的美德，不惜揭孩子的疮疤，伤害孩子的自尊心。

第四件事：适当放手　让孩子自己做事

人都会有自己的主张，孩子也不会百分之百地受控于父母。如果孩子样样都对父母百依百顺，将来就是典型的奴才性格。有时候父母苦恼于孩子不听话，其实这正是孩子要求独立自主的表现。如果父母不插手孩子可以做的事，没有依靠，孩子就会自己动手开始做。

所以父母在经过了替孩子做些什么、教孩子做些什么、陪孩子做些什么之后，还要让孩子自己做主张，学会自己做事情。前面三个是过程，最后一个是结果。那么是过程重要，还是结果重要？答案是一样重要。但是我们要认识到，**想要有良好的结果，必须先有合理的过程。**

孩子做什么，父母要有把关的智慧

孩子越长大，父母就越要给他自主权，让孩子独立去完成一些事情。独立自主是健康人格的重要构成，它对孩子的生活、学习质量以及成年后事业的成功都具有非常重要的影响。而且这里我还要提醒父母，父母让孩子自己去做事情时，也不是完全放任不管，而是要经过筛选把关，选择那些有利于孩子健康成长的事情，这样才能把孩子引导到正确的人生轨迹上。

那么，父母让小孩做些什么呢？我认为，最初就是告诉给他什么事情可以做，什么事情不能做。在这方面，父母的一个基本原则是：对于饮食起居等生活事务，孩子力所能及的，尽量让孩子自己去做。比如，自己的物品自己整理，把自己的玩具分享给小伙伴，当孩子懂得花钱时，让他独立支配零用钱购买所需用品等。

父母让孩子做的事情，绝不仅仅是让孩子做算术题，学画画，说英语，拉小提琴……重点是让孩子做一些有利于培养其良好的生活习惯、行为礼仪、道德品行的事情。**所以，让孩子做些什么，父母一定要用智慧去进行把关。**

给孩子做事的自主选择权

此外，对于孩子该学习什么课外知识，参加什么课外培训，父母要尽量提供咨询的意见，而最终让孩子自己决定该学什么。对孩子来说，做什么，学什么是他自己的选择，有自主性是孩子做事情有兴趣的前提。而且还能使孩子从小就产生这样的观念：是他们自己决定着自己的命运，从而建立起做人的尊严感。这也是我常说的，**人要自主，才能更好地树立自尊**。

但是，孩子的事情让他自己做主，父母要和孩子约定一些前提条件，只要没有危险又在合理范围内，他自己的事情让他来做主。让孩子自主做事，父母就完全采用“顺其自然”的态度，这样也不利于孩子的成长。遵照客观规律，积极创造条件，让孩子去锻炼，这才是父母应该采取的正确做法。

让孩子做自己喜欢的事

让孩子自己做事时，父母要允许孩子做他喜欢做的事。做事的过程中，孩子可以通过亲身体验，真正了解到什么对自己来说做起来是感兴趣并且擅长做的，更重要的是孩子在做事过程中，还能体验到自身的价值和存在感，调动起孩子对生活的热情和做事的积极性。

家庭教育四件事，适度是关键

每位父母都需要在以下四个问题上，根据自己孩子的特点去把握，不能一概而论，替孩子做多少，教多少，陪多少，让孩子做的有多少，父母需要自己拿捏适度，然后在家庭教育过程中进行阶段性调整。

在替的方面，父母替孩子做得太少，孩子得不到周全的照顾，感受不到父母的爱意，这是做父母的失职；父母替孩子做得太多，孩子的依赖性就会过强，完全被宠爱坏的孩子，长大以后难以自立。

在教的方面，父母对孩子教得太少，孩子得不到及时辅导，容易贻误教导时机；父母对孩子教得太多，孩子完全来不及接受，反而产生厌学心理。

在陪的方面，父母陪孩子做得太少，缺乏对孩子必要的了解，就无法合理地去调整教育方法；父母陪孩子做得太多，孩子缺乏应有的自主性，将来自己做事也难以有创造力。

在做的方面，父母让孩子自主做的事情太少，孩子的生活自理能力以及独立思考能力得不到有效锻炼；父母让孩子自主做的事情太多，又没有进行正确引导，可能让孩子处理事情时没有判断依据，尤其在孩子心智尚未成熟时，让他做事情容易陷入混乱。

还是那句话，每个孩子的状况都不一样，这种个体的差异性，也决定了对孩子替、教、陪、做的比例和程度不能一概而论。关键在于父母在教养自己的孩子时，必须用心，真正体察到孩子的成长状况和需要；在与孩子的互动中，要讲究方式方法，使孩子能感受到来自父母的爱；**要适时适度地放手，给孩子自主自立的空间，使孩子获得做人的尊严**。只有如此，我们的家庭教育才能收到正向的效果。

第六章
周岁内婴儿的教养重点

中国是一个人情社会，向来宣扬的是人与人之间要彼此帮忙彼此照顾，互相爱护，而不是分得一清二楚，那是你的这是我的。家庭也是如此，孩子不是属于家里某个特定的人，而是属于大家的。

正确对待婴儿生理需求

中国人不是从诞生才计岁，而是胎儿尚在腹中就已经开始算起。因为产前、产后是连续的，母亲从受孕开始就尊重孩子已是生命。所以怀胎十月算作一岁，而非孩子出生才算一岁。实际上从怀孕开始，母亲就应该负起照顾胎儿的责任。胎儿满四个月后会出现胎动，其实母亲这个时候就开始与孩子互动了。有的人怀胎比较平静，有的人反应比较剧烈，是因为孩子的个性不一样，跟母亲的互动不同造成的。

怀孕期间适当运动有益处

一般人只担心孕期不能剧烈运动，以免引起流产或早产，却忽略了孕妇活动量少或者姿势缺少变换，会造成胎儿所接受的刺激不足，失去学习运用各种感官系统的机会。但现在这样的观念也在逐渐改变，一些适合孕妇的运动正在慢慢普及和流行中。像近些年，一些孕妇喜欢练习瑜伽，在保证安全的前提下，做一做伸展运动，对大人和小孩来说都是好的。其实也不用专门局限于某一种运动，准妈妈们可以根据医生建议，科学规划，在怀孕三个月至五个月后，情况基本稳定下来了，适当进行一些舒缓的运动，简单安全，对胎儿的健康发育有很大好处。

最好的胎教是妈妈的良好德行

胎儿的发育，有赖于妈妈，妈妈的健康和营养状况影响胎儿的身体发育，妈妈的情绪和心态，影响胎儿的心理发育。中国人从古时候就非常重视胎教，对怀孕的女性的生活起居、一言一行都有很多讲究。所以怀孕的女性，一定要格外注重自己的身心健康。

女性在怀孕期间，要保证健康、积极的生活方式，戒烟戒酒戒熬夜，吃健康食品，做适当运动、读书，保持心情愉快，不要盲目焦虑、急躁。胎儿虽然在妈妈肚子里，但它能感受到外界的声音、情绪。所以妈妈要多选择那些好的环境，使自己受到良性的影响，这样对自己和胎儿都是有好处的。现在很多医生建议怀孕期间的女性多听高雅、柔和的胎教音乐，多看美丽、令人愉悦的画面，让宝宝更早、更多地受到真善美的熏陶。

再深入一点讲，其实对于胎儿来说，最好的教养就是妈妈端正的德行。大家想想看，如果一个准妈妈，一天到晚心里面想着丈夫、公婆不好，单位的同事不对，连马路上不认识的人都冒犯她，整天满肚子的怨气，她传递给胎儿的是什么？是“毒素”。反过来，如果准妈妈每天都是乐观的，在家里和家人搞好关系，出门和外人友好互动，肚子里的孩子也会受到妈妈这种积极力量的影响，变得“阳气十足”，这样的孩子才会发育得健康聪明。所以，我奉劝各位准妈妈，一定把自己的心态调整好，你以什么样的姿态面对世界，你肚子里的孩子就会以什么样的姿态来到这个世界。另外，我们的社会、企业、家庭也应该负起相当的责任，对怀孕的女性要给予宽容和鼓励，要真正帮助她们更好地胜任“妈妈”这个角色。

密切观察婴儿的生理需求

初生婴儿到周岁期间，最大的生理需求就是吃喝拉撒。有条件能母乳喂养的，尽量还是母乳喂养，母乳的营养非其他可比，但如果条件欠缺，奶粉也能满足孩子成长发育的基本需要，所以做妈妈的不用为孩子吃奶的事太过担心，首先要保持自己的良好心态。母乳喂养的妈妈要注意饮食，如果发现孩子有过敏现象，要检查自己进食的种类，及时发现过敏源，以后避免再食用。同时，婴儿的尿布或纸尿裤，要及时进行更换，不能捂，也不要过早训练把尿，以免引起婴儿不适或损害其身体发育。

另外，父母一定要改变传统观念，**不要给孩子穿得过多，让孩子习惯有点凉的环境，对提高婴儿的免疫力有帮助**。

有些父母爱子心切，到可以添加辅食时，就把各种好的鸡蛋、海鱼做成糊状给孩子增加营养，但需要慎重，给婴儿吃的东西要结合他们的肠胃和体质发育情况，不可超前。

理性对待婴儿的哭泣

婴儿最常见的反应和表现就是哭泣，新手妈妈本来就焦虑，听到婴儿的哭声就更加手忙脚乱，不知所措。对于婴儿的啼哭，妈妈需要小心谨慎应付。既不能一哭就抱，也不能久哭不理。因为婴儿很聪明，他会根据父母，尤其是妈妈的反应来调节自己的应激机制。如果婴儿一哭妈妈就去抱，孩子会感觉哭很有效，便会越来越喜欢哭。这样抱也哭，那样抱也哭，搞到最后妈妈一筹莫展，其实是大人宠坏了孩子。当然对于婴儿的啼哭，也不能置之不理，这样孩子以后会变得眼神呆滞、感情冷漠以及反应迟钝，后遗症更大。父母要先观察，一个个解决和排除婴儿哭泣的原因，然后给孩子一点点时间，如果他能自己安静下来，那问题不大，如果持续哭，还是要给予关注和陪伴的。

另外，现在流行的安抚奶嘴，有的父母看婴儿喜欢，而且止哭有效，就随时让孩子吮吸，这很容易形成依赖，睡觉时都不愿意拿掉，过长时间的吮吸还可能造成嘴唇外翻等问题。

科学安抚哭泣的婴儿

哭是婴儿表达意见的一种方式，生下来不哭的孩子，反而最让父母着急。婴儿不会讲话，只能用哭这一种方式，表达各种各样的意见。婴儿一哭，妈妈首先应该看看他为什么哭：是不是肚子饿了？是不是尿布湿了？是不是哪里不舒服了？各项检查一遍，给孩子提供他所需要的帮助和照顾。孩子需求得到满足，就会停止哭泣。

如果哪里都没有问题，孩子仍然哭个不停，可能是感到不安、孤独。这个时候妈妈可以再去摸摸他的脸蛋和手脚，在一旁和他说说话，告诉他妈妈就在旁边，还可以放些合适的音乐给他听，拿些会转动或发声的玩具让他看，在这样的爱抚和刺激之下，满足婴儿向外界寻求信息的本能，说不定他自己就睡着了。还可以把妈妈的睡衣放在他枕边，让他能感觉到妈妈的气息，他的安全感会提升，情绪也会平静。婴儿慢慢接受这些方式，就不会哭起来没完没了，对以后的性格养成也有帮助。

顺势帮助婴儿训练动作和发育知觉

一周岁以内的婴儿，变化日新月异。除了身高体重以外，各种知觉和动作也在飞速发育中。一两个月的婴儿，拉着手腕可以坐起来，头可以在极短时间内竖直（2–5秒），手有抓握反应（大人碰到他们的手掌，他们会本能地握紧拳头），对声音有反应，目光能跟随从他们眼前走过的人。三个月开始宝宝会笑了，俯卧时抬头的角度也越来越大，会自己抓东西，到五个月时看见食物会变得高兴。

这些变化和发展让父母惊喜感动，而婴儿这些发育都需要父母的辅助训练。婴儿最早的玩具就是自己的身体，而且会重复运动自己的身体。三个月以前的婴儿抬不起头来，所以不能让他趴着。三个月以后，他的脖子会慢慢硬起来，活动的欲求也会加大。妈妈从三个月开始，就要不断地帮助他有节奏地活动手脚。这样孩子才会有良好的身体协调性，而不是全身都在那里扭来扭去。这个阶段的婴儿对声音的敏感度日渐增强。妈妈说一遍他不懂，多说几遍逐渐就会有反应了。

重复是孩子动作和知觉发展的重要手段。牙牙学语、蹒跚学步，都是婴儿一次又一次跟着父母的示范，去模仿、去练习，然后学会的，所以父母不要阻止孩子重复做同一个动作，发同一个音节，这是他们的自我训练。

婴儿出生后不可溺爱

婴儿出生以后，最需要父母的爱心，但不代表要给孩子过分的关心。有些矫枉过正的父母，认为孩子刚刚出生太过脆弱，非要时时搂在怀里加以保护不可。不舍得让他自己睡觉，时刻抱着坐立行走，甚至习惯性轻轻抖动。这些溺爱会使宝宝不愿意一个人待着，过度依赖某一位家庭成员（主要是爸爸或妈妈），其他人都不能靠近他、照顾他。这将严重妨碍他培养自处能力，也使他成长后不愿意和其他人及小伙伴相处、交流，容易出现缺乏耐心、任性、暴躁、与人沟通困难等心理问题。

婴儿五个月之前不会认人，没有人与人之间的那种连接感。谁去抱他都一样，只是姿势力道对不对，抱得舒服不舒服而已。这其实是老天对人的一种照顾，如果一生下来就认定妈妈，万一妈妈有个三长两短，孩子还怎么活？当然，这只是一种不幸情况下的预案。但是父母要利用这个缓冲的阶段去学习和摸索，尽快调整好自己做家长的角色。

婴儿并不需要特别环境

为人父母，总是想先一步为孩子创设优越的环境，坚信这样能让孩子成长得更健康、更聪明、更有自信。但我要在这里说明一下，婴儿阶段其实并不需要特别的环境。

过于洁净和安静反而不利于婴儿成长

对一周岁以内的婴儿，父母最为紧张。夏天怕他热，冬天怕他冷，外面车子多了怕他吵。在各种担心下，往往夏天空调冬天取暖器，门窗长时间关得严严实实，甚至有的父母都不敢在家大声说话，生怕孩子着凉了、热坏了、吓怕了。这样谨小慎微的结果，不是自己的孩子比其他孩子更健康更聪明，反而往往娇气、胆小、情绪紧张。

还有的父母，不遗余力地想要给孩子创造出一尘不染的成长环境，这也是一种错误思维。因为孩子不是温室的花朵，他不可能一生都只在家庭这样局限的区域里生活。只有让婴儿从小开始接触各种环境条件，孩子才能渐渐形成对环境的适应能力和抵抗能力。如果父母过于爱干净，家里到处一尘不染还不够，恨不得把房子的角角落落都进行彻底消毒才放心。孩子要么不出门，要么就是难得出去一次，无论吃什么、做什么，父母都跟在身后不停地制止他，这个不许，那个不准。回到家马上要求孩子换衣服，换下来的衣服不光仔细清洗，还要用消毒液浸泡过滤。这样高度紧张、严防死守之下，很多孩子非但没有获得父母想要的强健体格，反而常常形成容易过敏的体质，这都是因为父母追求过分洁净的结果。因为父母打造的环境太干净，孩子一旦脱离这样熟悉的、近乎真空的地方，到别的哪怕只有一点点低于家庭卫生标准的环境中，就会非常敏感。而且不止心理敏感，身体也本能地抗拒排斥外面的细菌。因为没有接触过，身体里没有这样的抗体，也不具备相应的免疫力，所以反而容易给细菌可乘之机。

近几年，各大医院的儿科，最常见的患儿就是呼吸道感染，引发咳嗽、支气管炎等，尤其是一周岁左右和刚上幼儿园的孩子。这两个阶段，也恰好是孩子全面接触外界环境的两个关键必要时期。一周岁之后和幼儿园入学，是父母不得不让孩子出去活动，但因为之前能避则避，孩子一直在家躲着，导致他一出去，问题就暴露了。因此，父母不要不舍得，总觉得婴儿还小，晚一点再去适应环境也可以。**但是早一天锻炼，就是早一天赋予孩子只属于他们自己的抵抗适应能力。**

当然，必要的冷热清洁也是要注意的，卫生习惯也要培养，只是千万要适度。

孩子真正需要的是良好的“软”环境

父母添置豪华的婴儿床、高档的童车、昂贵的玩具，说白了就是父母自己小时候没用过、没玩过，感觉自己的童年有缺失，现在有了孩子，就一门心思认为孩子肯定也想要和喜欢这些，所以趁机买来，一股脑地塞给孩子，其实这都是父母为了补偿以前的缺失或者自己玩而已。这些实际需要的物品和环境对婴儿一点用处都没有，大部分不过是在满足家长自己的心理需求而已。

婴儿除了要吃饱睡好呵护陪伴以外，对于这些“身外之物”，既不懂，也不需要。衣服是否纯棉质地，柔软合身就好，不管你是买了一千块的外套或者五十块的外套，他只知道要舒服的那件，只有当衣服太紧、不透气，他才会用肢体或者表情来表示他的不满，对于标签和价格，他并不在意，也不懂得辨别。

如果父母只是为孩子添置高档的童车，但好多天都不带他出门，不陪他玩耍，还不如几十块的简便小车却每天有家人推着去公园散步，多和他说话聊天，孩子会更开心，性格也更开朗。

所以父母要认识到一点：**婴儿的真正需要，和成人的价值观是有区别的**。成年人对于物质要求有标准和追求，而婴儿对于物质还停留在温饱生存被满足就好的阶段，他们更想要的，是父母家人的陪伴、沟通、拥抱这些“软”环境。

可是父母对于这么小的婴儿，往往觉得无法沟通，因为父母说的话，他也听不懂，你做的动作，他也只是毫无反应地看着。所以有些父母就给孩子买很多玩具堆着，自己在旁边做别的事。其实婴儿也像电脑，父母需要给他不断输入信息，编写“程序”，他才会在日积月累之下，达到输出的临界点。如果跟婴儿说一遍他听不懂，父母就多说几遍，他慢慢也会做出一些反应，当然都是最简单的，不是很复杂的东西，比如用手遮住脸再拿开躲猫猫，做做鬼脸，唱唱儿歌。父母坚持跟婴儿互动，将来孩子长大了会比较灵活，不那么迟钝，感情也会比较热烈，不会那么冷漠。这些结果都是从婴儿很小的时候开始，由父母照顾他、陪伴他的方式来产生的。

根据孩子的发展阶段创设合适环境

通常从六七个月开始，父母就要开始注重对婴儿脑力的开发，培养他们的创造力。此时可以恰当地给孩子买一些合适的玩具和物品。那父母需要给孩子选择什么类型的玩具呢？其实只要给他们提供一些可以拨弄的玩具，并不需要多么昂贵和复杂，也不需要什么特别的设计。而父母在旁边看着他玩即可，不要勉强他做什么，也不要教他怎么做。玩具是为了培养孩子的创造力，孩子会有自己的变化，这是创造力的来源，父母不能剥夺。这和以前的孩子玩泥巴是一样的，给他自由，他才有发挥想象的空间。

还有给孩子的图书，现在都是“撕不破”，还有拼图之类的东西。**孩子从小没有撕过纸，其实是个遗憾**。一张纸让他自己撕着玩，父母在一旁保护他的安全，看好了不要割伤手，这才是大人要做的事情。千万不要按照父母一厢情愿规划和期望的样子呆板地去拼凑，那就很难有什么创造。

如果父母超前地、不停地购买昂贵的玩具，一方面是会让孩子对于玩具失去好奇，另一方面也让孩子失去耐性。因为玩具对他们来讲，来得容易，于是玩两下，随手一扔，父母也不会责备，孩子自己也不觉得可惜。由此及彼，成长以后，孩子就会对其他事物也一样浅尝辄止，没有深入探索的兴趣，也没有创造的热情。

父母自己开发适合孩子的游戏和道具

宝宝到六七个月以后，慢慢开始能坐起来，然后会爬、会站、会走，此时他们的观察范围更广，手脚想要活动的欲望和能力更强。家里的各种日常用品，也可以成为他们很好的玩具。比如我同事家的小朋友，在几个月大的某一时期，就特别热衷于旋扭各种瓶盖，被家人戏称为“瓶盖小王子”。开始的时候孩子们也许不能正确用力，甚至与其说拧瓶盖，不如说只是拍打和敲击瓶子而已。但在这样不断的接触中，孩子手指的抓力会发展出来，腕力也增强了，旋扭这样配合大脑发育而产生的精细动作也会做，而且你看他专心致志“对付”瓶盖的样子，就能发现他的注意力也提高了。所以父母带着孩子一起寻找，可以发现家里有很多有意义的“宝物”。

父母可以用吸管、纸盒子、毛巾等家里已有的物品，给孩子叠一些动物形状，为孩子讲解、模仿。还可以在家里用好擦洗的胶布，在地上贴出迷宫、房屋等形状，让孩子在其中爬来爬去。只要把容易发生磕碰的家具做好防护，就可以任由孩子自己摸索、触碰、感受、学习。

通过行动传达规矩观念

婴儿八个月以后，个性逐渐开始形成。一个人的自信心奠基于出生后的八个月至十八个月之间。接近十个月的时间，会对人的一生产生重大的影响。父母不但要充分表达对婴儿的关爱，而且要通过示范、教导和协助的方式，严格要求婴儿执行父母所定下的规矩。我们常说教养孩子要趁早，这段时间一定要把握住。

给婴儿“立规矩”的长远意义

人为什么要守规矩？因为宇宙是有规律的，寒暑变换、昼夜交替，春去秋来，刮风下雨，都是自然界的规律。人是自然的产物，也要遵循自然规律。遵循规律便是守规矩，举个最简单的例子：白天就该精神好，晚上就要休息好。

所以，比如一个婴儿，经常白天睡一整天，然后晚上不睡觉，这就是没有规矩。有的父母说：没办法，我的孩子就是这样，天生的。其实不然，这是父母没有给孩子做好调整。

孩子的睡眠不是他一个人的事，还会影响家人关系。如果是全职妈妈，那父亲下班回到家本来很累，孩子不睡觉还很吵，父亲就会觉得妈妈在家连孩子睡觉的事都不能负责好，两个人难免就会拌嘴吵架。而如果是由家中老人帮助带孩子，白天孩子睡得多，老人也能轻松些，就任由孩子去睡，晚上父母回来，孩子一整夜都闹腾，父母就会觉得长辈是在放养孩子，使他们受累。这就是影响家人彼此间的感情和关系的原因。

因此，不管是全职妈妈还是家中长辈，白天应该分散孩子的注意力，适当地给他制造一些声响也好，带他出去散步也好，总之让孩子的睡眠减少。可能以前白天睡七八个小时，现在慢慢减少到只睡三五个小时，白天睡得少了，晚上自然就睡得好了。

这样的经验说明，入睡这样的习惯是可以改变的，这也是所谓的教养。如果孩子白天睡就随便他睡，晚上闹又尽着他闹，那家人对于孩子，就完全没有尽到教育的职责，大人就是需要对孩子进行训练的，也是通过这种长时间地行动向孩子“传达规矩”。

我们常常觉得孩子好像随便怎样都可以，其实不然，从严到宽比较容易，从宽到严则很困难。**人懂得守规矩，才是自信心的来源**。自信心该怎么理解呢？自信心就是一个人感觉自己出来不会引起大家一阵慌乱，也不会让大家感觉到自己很奇怪，而使自己也感觉到很慌张，这就是自信。想想看，一个人出去以后规规矩矩，大家对他的看法就是他很有自信。

从孩子八个月开始，父母给他教授一些具体的知识并不是首要任务，给他立规矩才是。如果此时不着手做这件事，以后孩子没有信心，父母追悔莫及。所以**我坚持认为，给孩子传递规矩的观念必须要趁早**。

父亲要承担立规矩的重任

以往在这个阶段，母亲可以说是唯一的教养者，但现在我们提倡和鼓励的，是让父亲也更多地参与到教养孩子，尤其是给孩子定规矩这个过程中来。

如果一个家庭的分工是父亲去上班、打工、出去做事情，母亲在家做全职主妇，那婴儿主要的教养者毫无疑问是母亲。母亲喂奶，抱孩子，替孩子换洗，照顾他，跟小孩在一起的时间最多，这样的情况和家庭结构下，母亲可以说是影响孩子一生的对象。但如果完全依赖母亲给孩子立规矩，一方面会造成父亲角色的缺失，另一方面是父亲不能树立威信，而且会使父亲和孩子的联结变得薄弱。

所以母亲要有意识地给父亲留出一部分立规矩的权限，母亲在立规矩的事情上，要跟父亲随时沟通，保持价值观和立场的统一。这样父亲也能参与给孩子立规矩，这也能增进父亲对孩子的了解，增加他自身的家庭影响力，使家人间的纽带更为牢固。

立规矩行动大于言语

周岁以前对婴儿有所规定，主要是帮助孩子建立“规矩”的概念。这种概念的建立，不是靠语言去让孩子知道，而是靠行动来让孩子感觉。比如说婴儿吃饱了，妈妈就把他放到床上，让他自己休息一下。这个时候要让孩子明白：现在要玩你就自己玩，要睡你就自己睡，但是我不会抱你。妈妈一定要通过自己传达守规矩的信息，不是今天高兴了就去抱他，明天不高兴了哭也不理他，那就是妈妈没有规矩。可是让父母每天不停息地跟一个婴儿说，你应该如何如何，他既听不懂，也不感兴趣。这就是毫无成效的立规矩。这样的婴儿长大成儿童、少年、成人时，遇到各种事情，也是高兴的话就去做，不高兴了就随意放弃。

父母给孩子立规矩的前提，是自己首先要守规矩。所谓立竿才能见影，现在很多父母自己都没办法守规矩，喜欢了就抱孩子，累了就不管他，这样怎么能让孩子懂得什么是规矩呢？婴儿即使只有几个月大，但他们都是有本能反应机制的，父母混乱无序的示范举止，会让婴儿也感觉糊涂，不知道什么样的规矩是自己该遵守的。所以父母的规矩原则首先要一致，在执行时，自己的言行前后也要有连贯性，不要朝三暮四，前言不搭后语。

立规矩是家庭成员共同的责任

孩子属于家庭里的成员，每个人都跟孩子有关系，都要贡献心力，付出爱心，替他的成长做一些事情。一天当中有时候让孩子单独，有时候一两个人陪他，有时候一大堆人陪他，让他经常体验各种不同的情况，长大以后就会有很好的弹性和适应力。

我们中国人在这一点上的体验其实是非常深刻的。中国是一个人情社会，向来宣扬的是人与人之间要彼此帮忙，彼此照顾，互相爱护，而不是分得一清二楚，这是你的那是我的。家庭也是如此，孩子不是属于家里某个特定的人，而是大家的。把孩子完全看成是母亲的责任，或者像安排工作一样，父母轮流值班带孩子，又或者完全把孩子丢给老人长辈去带，这些都是不对的。

孩子是家庭里所有成员的家人，他自出生之日起就是家庭的一分子。他和家庭里每个人都有关系，而不只是谁的儿子或者谁的女儿而已，每一个人都应该付出一部分的心力，付出很多的爱心，帮助他顺利成长。

中国社会人情庞杂，独立生活简直不可能。这是中西方文化传统和思维的差异。西方孩子一生下来就单独住一个房间（婴儿房），父母用感应器监控，孩子哭了，父母在另外一个房间可以收到信号，过来查看。如果发现没有什么问题，父母就会对孩子的哭泣放任不管，回到自己房间去了。所以西方人长大以后，独立感更强，但伴随的是感情比较冷漠，没有太多浓厚的亲情。比如，如果你对美国孩子说，请帮我去拿一下那件东西，他可能直截了当地回答你：我现在不想拿。他的回答也没错，而且无法辩驳，不可勉强。而如果是个中国孩子，他的想法从根本上会不同，他可能会一开始就比较照顾亲友的感受和需求。

东西方的行为处事和思维方式，一个独立不受干涉，一个被人情牵制，它们各有利弊。我们主要说在中国这样的环境下，很小的孩子成长过程中，家人、亲戚都会来搭把手，帮着抱他，孩子能感受更多的爱。对于给孩子培养规矩意识，众人协调好教育方针，彼此查漏补缺，给孩子添上一些其他家人疏漏的部分，让孩子的规矩立得更为端正和严谨。这样对一个小孩的健康成长，才是最好的。

第七章 三岁以内孩子的启蒙教养

事先教育在孩子成长过程中起到的作用非常大，孩子能避免很多弯路，少付出很多不必要的代价。同时能形成凡事做好预想和预算，待人处事不莽撞、有条理的风险意识。

好习惯要在三岁前养成

生活中，我们不妨观察一下身边的孩子，“熊孩子”不在少数，但很多父母并不在意，认为爱玩爱闹是孩子的天性。但父母们必须要认识到，孩子可以单纯可爱，但并不代表就能为所欲为。

也有的父母会说，孩子的这些问题都是小毛病，长大后慢慢改自然就好了。其实不然，幼儿时期是人一生身心发展打基础的重要阶段。如果三岁前孩子的一些不良性格表现或习惯没有被及时纠正，造成的后果会很严重。

俗话说：三岁看大。三岁前父母开始着重培养孩子良好的行为习惯极为重要，因为这一时期，幼儿的身心发展十分迅速，可塑性极大。

三岁以前培养孩子良好的习惯，以品德和生活习惯的养成为主，这是教养的重点。那么如何养成孩子的良好习惯呢？大致可以按照“指导、提醒和纠正”三个方法进行。

习惯培养计划应循序渐进

人一生需要学习的事情很多，吃饭、走路、坐立、说话等方方面面，没有一样天生就会。而且，中国人说站要有站相，坐要有坐相，每件事情都不是想象的那么简单。各人吃相不同，穿衣戴帽的方式也不一样。有些人一辈子不会用筷子，不会系扣子，都是三岁以前的教养和成长过程所造成的结果。等到孩子长大了，才来教导孩子不要吃饭那么快，筷子要怎么拿才妥当，实在是不恰当的事情。

既然要学的东西非常多，父母心中首先要有一个计划。不能想到什么教什么，看到什么教什么，坦白讲孩子没有那么大的弹性。刚开始的时候，根据孩子的阶段和问题，有针对性地选择几样，一样一样地教孩子去做。教会了一样，再教另外一样，循序渐进一样一样地来。

其次，家长不能操之过急。就算教孩子小便，也需要一段时间和过程。看时间孩子该小便了，就要引导他去卫生间。不能由着孩子玩得高兴，就什么都顾不上了，再高兴也要先停下来。然后看他做的是不是正确，站的有没有入位，如果不对也要帮他调整。小便完后洗过了手，才能接着再去玩。这样一阵子以后，才可以放心让他自己去做。

培养孩子良好习惯　父母需适当放手

父母培养孩子的良好习惯，不仅要有计划地进行，还要学会放手，让孩子自己去做才能更快地养成各种良好的习惯。

从小父母就教育孩子自己的事情自己做，但是很多时候也只是限于口头上，原本想培养孩子自己动手，让他们自己吃饭、穿衣服，但是看到他们吃饭时弄得四处都是饭渣，穿衣服别别扭扭，鞋子都能穿反，于是失去耐心，又开始替孩子去做。这样下去，孩子永远无法掌握做事的方法，更不要提好习惯的养成。父母们只有放手，孩子才能够真正的学习如何独立。

好习惯要不断的练习才可以养成

对于三岁以内的孩子，家长应重视他们的身心健康，人格塑造和个性塑造，如养成良好的行为习惯，建立生活规律等。

父母要进行良好生活习惯的培养需结合日常生活一并进行，从培养孩子生活自理能力入手，进行养成教育。

比如，父母要帮助孩子形成良好的作息规律，按时起床、睡觉；三岁左右自己穿衣、穿鞋；玩具以及其他的东西要摆放整齐，玩完了之后要收拾整洁，养成整洁、卫生、规律的生活习惯等。

孩子三岁前应当养成良好的作息、饮食、学习等生活习惯，也要养成“独立”“尊重”“整洁”“分享”“阅读”“运动”等意识习惯。

孩子年纪小的时候，从小事情父母就要让他养成好的习惯，比如说做功课一定要把它从头到尾做完，不能做一半就不想做，那就没有永恒的习惯，擦桌子一定要从头到尾擦完，再检查一下什么地方没擦好，再擦一次，这个习惯要从小养成。

同时，想让孩子养成良好的生活习惯还要反复练习，练习的越多，动作和习惯就越巩固。一件事情做久了，才能变成习惯，要让孩子在日常生活中，通过进餐、睡眠、梳洗、生活自理等方式掌握技能，养成良好的习惯，形成一系列良好、健康的生活行为方式，并在日常生活中不断练习、强化，使之成为孩子的一种自然而然的自觉行动。**好习惯的养成，是一个长期坚持的过程。**

纠正孩子不良习惯要趁早

其实，孩子三岁的时候就已经能看出他身上存在的优点以及问题。这时如果做父母的稍加留意，然后进行引导，缺点会慢慢淡化，优点则会越来越明显；如果父母认为孩子的问题只是因为他还小不懂事而放纵，后果可能会比较糟糕。要知道，人的习惯一旦养成很难改，多数都是小时候就种下来的恶果。

因此，我们中国人常讲“三岁筑皮，五岁筑骨”，是说孩子三岁以前有什么问题，还有改变的可能。可是到了五岁，问题就会根深蒂固。随时纠正孩子不对的行为和观念，使其逐渐养成良好的习惯。

立规矩增强对孩子约束力

培养孩子的好习惯，父母不仅要运用指导、提醒并纠正的方法，还有一些具体的方法比较适用。比如给孩子立规矩，规矩指的是一定的标准、习惯。规矩在孩子成长过程中起着极为重要的作用。当孩子一天天长大，他需要理解周围世界的规则，需要知道该如何与别人相处，需要知道做一件事要达到什么标准等。**如果没有规矩，孩子的行为往往缺乏约束力。**

想要让孩子养成良好的习惯，家长要给孩子立一些规矩，如果孩子按照规矩做事可以适当进行奖励。

我还要提醒各位父母，规矩一旦建立就必须要严格执行。一旦你对孩子有所迁就，整个规矩就会被搞乱，将来要重新恢复是很难的。从严到宽比较容易，从宽到严是很困难的。要打破建制比较容易，要恢复规矩是非常困难的。不要因为一时的高兴或是一时的方便，就来破坏自己定下的规矩，这是非常重要的。

孩子有样学样　父母要严于律己

父母是不容易当的，哪怕你讲一句话，做一个动作，孩子都会受到很大影响。因为小孩都很聪明，而且学好很难，学坏很容易。爸爸一抽烟，小孩就开始想要学，当爸爸没有看到的时候，他自己也去点一根烟抽抽看。如果家长呼朋叫友，在家里打麻将，然后大声小声的，那你孩子将来也是这样，因为你虽然没有意识教他，但是他无意中已经学习到了。

家长要记住，小孩是很聪明的，他随时在学习，而且他吸收能力很强，你一教他养成习惯，再去改就会非常困难。做父母的言行举止都要慎重，如果自己都不能够坚持下来，那还是有点不够用心。

孩子养成良好习惯　少不了父母陪伴

三岁前孩子在习惯的培养方面，父母除了教孩子做，还要注意陪孩子做。比如陪孩子看书时，妈妈自己先坐好，同时告诉孩子姿势要端正，光线要合适。图画书的书角翘了，妈妈先告诉他东西本来就会坏，然后告诉他怎么压平，这也是一种学习。玩具玩过后不可以一丢就不管，也不能等孩子睡了父母自己去收拾，要陪同孩子一起收拾。从小养成物有定位、保持整洁等习惯，长大以后，无论穿衣、饮食、居住，都能够注意保持整洁，不但有益于孩子的身心健康，而且能够受到别人的欢迎，增进人际关系，对将来事业的发展有很大的帮助。

帮助孩子养成良好的行为习惯，不是一朝一夕的事，父母首先要有信心，只要坚持就一定能够做到。其次要有耐心，三岁前的孩子的理解能力、表达能力都有限，要让孩子多次重复某个动作，久而久之就形成习惯了。

事先教导重于事后责备

三岁以前的孩子最伤脑筋：虽然个子矮，看不到桌上有什么东西，但会伸手去摸；看到垂下来的桌布，也想动手去拽。常常不是被烫到，便是被砸着，然后哇哇大哭。面对此类问题，父母需做好事先防范，提醒孩子不要接近危险的地方。如果不可避免，也要教导孩子正确的做法，让他逐渐了解和接受，而不是等出现问题了再去责备他。

从生活习惯延伸到其他

不到三岁的孩子尚且年幼，给他们灌输很多道理、教他们处事方式，他们听来懵懂，难以理解。最佳的方式是由父母从生活习惯方面的小事做起，不断给孩子示范事前预防优于事后补救的案例。

最初最简单的事先教育，是妈妈在产后恢复工作时给孩子的承诺。妈妈准备出门前，要跟孩子说，妈妈现在离开你出去工作，但每天晚上一定会回来的。多说几次，给孩子信心，并且让孩子短暂和妈妈在两个房间各自待几小时进行演习。等妈妈真的出门时，孩子已经有了一些概念和习惯，就不会哭闹得那么凶了。

又比如我一开始说的，孩子常常做很多好奇和探索引起的“危险”举动，父母如果每次都等孩子犯了错再对他严厉斥责，那对孩子的教育效果并不好。而且孩子有可能要承担危险举动带来的后果，如果侥幸没有造成实际危险，那父母的斥责又会让孩子觉得多余，他们也不会产生对危险举动的警惕。

父母可以对孩子进行正反两方面的讲解，正面是告诉孩子，对于自己看不到的地方，可以站远一点、踮起脚来观察，如果实在看不到，就不要盲目尝试去够、去碰。反面是适当演示一下危险举动带来的后果。比如给孩子看一下，随意拽桌布，他喜爱的餐具会掉下来甚至被打破，桌上的重物会砸到他。对于喜爱倒水或是舀汤的孩子，父母可以取一个略微降温的热水瓶塞靠近孩子的手，让他们知道烫的感觉。孩子尝试过后果，就会在心中敲响警钟，以后再伸手拽桌布时，便会想起当时的情景，自然慢慢就会纠正这些错误的行为。

由这些小事养成他们思考的习惯后，孩子在其他事情上，也会渗透这个模式。比如想要翻墙逃学、看到喜爱的东西时要不要偷拿、青春期（未成年）遇到不恰当的身体接触……这些情况发生时，如果孩子有幼年时父母给他们建立的事前管理思维原则，他们就会懂得去正确地判断和处理。

事先教育也要配合事后管理

我们现在虽然重点讲的是父母要给孩子打好“预防针”，做好事先教育。但孩子，尤其是三岁以前的年幼孩子，不可能不犯错。比如孩子不小心打破一只昂贵的花瓶，父母们应该怎么办？

这里首先看几种不恰当的处理方式：

第一种是当场指责孩子。这样做的父母难免脸色难看，语气也不会好。孩子情绪紧张，不是强词夺理，就是死不认错。而且孩子不会知道花瓶有多贵重，只会觉得自己在父母眼中，还不如区区一个摆设重要。

父母可以把孩子叫到一边再教导他，指点他，提醒他，大多数孩子在犯了这样的错误后，内心是知道错的，就是怕被父母责备，**但光害怕没有用，让他们记住才是父母教育的重点。**

而且父母要知道的是：对孩子动辄打骂是没有用的。虽然我们不会完全禁止打骂，但是打骂是最后的、不得已而为之的手段。打骂形成习惯的话，孩子会把它当成和吃饭睡觉一样平常的事，也就失去了教育的意义。而且这样具体的约束到孩子三岁以后父母再进行比较好，三岁以前就开始未免太早了些，孩子只能记住惩罚本身，却不明白惩罚的目的和意义。

第二种是父母完全不教育。妈妈说一句“没有关系”，然后自己就去收拾，孩子原本有些认知到错误，但看到父母的反应后，他会觉得原来打破东西一点关系都没有，一点后果都不需要承担，孩子就会认为以后可以随便打破东西，反正没有任何的惩戒措施。这样的概念建立起来是很危险的，因为由小及大，遇到违法的事孩子也认为可以无所谓地去做，到那时父母就追悔莫及了。

第三种是父母漠不关心。妈妈什么都不管，让孩子自己收拾，如此还要妈妈干什么？如果孩子不小心再把手割破，岂不是雪上加霜，这样的妈妈未免太过冷酷。这种情况就不要谈教育，连基本的父母之爱都没有了。

聪明父母的正确做法，是告诉孩子：“你先不要动，因为碎片很容易伤到你的手，先让爸爸妈妈来处理。”父母把碎片扫走以后，再给孩子一块抹布，同时告诉他：“你去把刚才的地方擦干净。”父母要通过这个过程让孩子明白：花瓶是你打破的，你自己要负责，有危险的部分爸爸妈妈替你做，没有危险的部分你乖乖地自己做。孩子做得不认真，一遍没擦干净，就让他再擦第二遍。

事先教育如果没有相应的事后管理相配合，父母就很难对教育的实践过程进行调整和完善。**如果说事先教育是篮球队打前阵的前锋，事后管理就是查漏补缺的后卫**。如果孩子犯错，父母最好回想一下，自己小时候是不是也常常如此，再想想成年人和孩子的区别，然后做出反应。

懂得反省才能更好地进行教育

单单这样还是不够，父母还应该教导孩子养成反省的习惯。我建议一家人每天固定出二十分钟左右，作为父母和孩子共同反省的时间。以便把每天所接触到的种种事物加以归纳、剖析，告诉孩子到底错在何处，如何避免，并且进一步类推寻找今后更为妥善的处理方法。刚开始的时候，父母可以拿一些共同的活动来进行分析、比较和检讨，使孩子在对谈中学习分析、思考和表达，逐步养成孩子反省的能力和习惯，并且教导孩子有过必改，而不是害怕犯错或者一错再错。

比如到了晚上八点钟，一家人坐在一起，由爸爸开始说："今天早上出门的时候太急促，所以你跟我讲什么，我都没有注意听，这个很抱歉。"孩子就明白了：既然爸爸都能做错事情，我怎么不能呢？他就开始讲："今天是我不对，因为我看你那么匆忙，还跟你讲一大堆话，以后我也要改进。"一家人和和气气地把所有缺点都检讨出来了。如果每天进行不方便，也可以每个礼拜或者十天进行一次，无论如何这种方式要坚持。

再举个例子，孩子打碎花瓶以后，家长当时不必多讲，但事后要利用家庭反省的时间告诉孩子：你现在知道花瓶是会破的，破了可能割伤你的手，但幸好今天没有割到。妈妈让你去擦干净的时候，你心里有什么样的想法？孩子不会讲也没关系，妈妈可以替他总结，帮他从当中学习经验，这样孩子才会有成长，这才是正常的教育。

这种**自省的习惯并不是天生的，而是后天学习的**。可惜一般的父母，只知道教导孩子记忆某些事情，比如识字或者认识某些东西，却很少做深一层的启发，以引导孩子从单纯的记忆提升到对事物的分辨、整理和分析的层面。

多给孩子清楚正面的教导

同时，父母对孩子的事先教导也要清楚正面，成年人讲话可以含含糊糊，那是要照顾对方的面子。但是教导幼儿阶段的孩子，一定要讲得清清楚楚。比如"这个椅子是给你坐的，站在上面很容易摔跤"，这样的话要提前跟孩子讲清楚。等他站上去以后，摔了下来才讲，那算什么父母？

这个阶段的孩子是稚弱的，需要适当的照顾；孩子是无知的，需要及时的教导；孩子的智慧是闭塞的，需要妥善的启发；孩子的意识是混乱的，需要适度的培养和辅导。

我建议父母对孩子的事先教导，要从正面引导，少用负面的描述。也就是要告诉孩子该怎么做，而不是告诉他不能怎么做。很多事情父母不讲，孩子还不知道；听父母讲了，他就会想去试试看。

事先教育在孩子成长过程中起到的作用非常大，孩子能避免走很多弯路，少付出很多不必要的代价。同时能形成凡事做好预想和预算，待人处事不莽撞、有条理的风险意识。

培养孩子要有具体计划

教育培养是个持续性的工作，更是一个长期的过程，在生活中随时随地要开展，父母最好做个计划，有计划地培养孩子。对孩子的培养计划应该注意以下几个方面：

把孩子培养成什么样的人

关于“把孩子培养成什么样的人”，父母一定要有明确的目标，想好希望孩子将来成长为什么样的人，是努力进取型还是知足常乐型，或是活泼开朗型，亦或是安静温柔型等。只有有了目标，才能更好的下意识的去了解相关的知识并给予合适的指导。虽说要有目标，但也要切合实际，不要一开始就奔着“神童”的目标去，而且培养孩子的目标切忌带有太多大人的功利色彩。

其实，我也经常在想一个问题，到底要把孩子培养成一个什么样的人。大多数家长都是希望孩子学习优秀，事业有成，以后让孩子当医生、律师、教师等。但是，你有没有想过**如果孩子不是一个好人，不勤劳，不善良，不礼貌，不懂得分享，甚至不遵纪守法，无论他最后多成功，都不值得被称赞；**如果孩子不是一个快乐的人，不满足，不高兴，不乐观，不积极向上，不脚踏实地，那他永远也无法感受到生活的美好。

一位公司的人事经理曾给我讲了这样一件事，他们公司有一次招聘，在很多博士生和硕士生中，一位只有本科背景的小女孩脱颖而出，原因是在进入面试房间前，只有她扶起了倒在门口的扫帚。其实，这是公司特意设置的一道考题，一个简单细小的行为，就能看出一个人是否有一颗善良细致的心。

父母培养孩子成为什么样的人，三岁前更重要的是对性格和品质方面的教育。

分析并认可孩子的个性

有了目标还要看孩子的个性。一般情况，孩子七个月到九个月大的时候个性就会很明显。如果培养目标和孩子的个性产生冲突时，最好尊重孩子的个性。父母不要试图改变孩子的个性，要学会发现孩子个性中的闪光点，然后找到适合孩子个性发展的养育方法，接受、理解、欣赏孩子的个性，用正确的方法、技巧培养孩子。

个性本身无好坏之分，只要因材施教，每个孩子都可以变得优秀。所以无论个性如何，都请坦然接受。

制订具体的培养计划

确定了目标、分析完个性，接下来就应该制订具体的培养计划，应当遵循扬长避短的法则，从孩子的优点看起，培养积极的心态，再循序渐进的改正不足之处。需要说明的是，培养孩子切忌急功近利，切勿拔苗助长，让孩子在快乐中“良性”成长才是最有价值的。

父母们要学会发现孩子的优势所在，选择最适合的发展方向，从而建立科学有效的培养计划，极大提高成功率。

第八章
六岁以前孩子的教养重点

在培养孩子基本生活习惯的时候，还要记住实践操作比理论更重要，用嘴说十遍，不如放手让孩子自己做一遍。独立吃饭、穿衣、上厕所，一开始可能会很困难，但只要反复练习，到某个时间点他自然就会做了。

帮助孩子适应幼儿园生活

三岁到六岁幼儿的发展和变化十分显著，是孩子成长的基础阶段。这个时期的环境和教育将影响人一生，可以说是真正的黄金时期。所以才会说“三岁看大，六岁看老”。良好的开端，是成功的一半，父母这个时期最好谨慎小心，以培养孩子优美的人格和健全的体魄为主，做好“先入为主”的教养工作。**孩子成长的基础必须及早奠定，而且越稳固越好**。

孩子在三岁以后，一般就要进入幼儿园。这个时期是父母比较焦虑的阶段，因为这是孩子正式接触社会生活的第一步，孩子能否独立面对家庭之外的各种未知状况、能否适应集体生活的纪律性和组织性、能否建立融洽的人际关系等，几乎是每个入园幼儿的父母都会担心的事。

那父母在焦虑之外，有哪些实际可做的努力，并进行哪些方面的教育，才能更有效地帮助孩子适应幼儿园的生活呢？

选择合适的幼儿园

现在很多父母，给孩子选择幼儿园，往往以硬件设施好坏作为判断的标准。实际上，硬件设施的好坏并不是最关键的，只要满足基本的安全和教育要求，硬件上就不必过多去要求。父母应该更加注重的，是幼儿园的整体氛围、教育理念。这个幼儿园，校长够不够有责任感？老师够不够有耐心和爱心？是不是只教孩子一些生硬的规则和知识，不注重孩子的心理发展？父母多从这些方面去考虑，来给你的小孩选择幼儿园，你的小孩才会从这里获益。

因此，我建议父母在之前对待备选幼儿园时要进行多方面了解和考量。如果能让孩子在入园前先在幼儿园试读几天当然是最好的方式，孩子对环境是否满意，对老师是否喜爱，幼儿园的气氛是否融洽，都可以有最直观的感受和判断。假如这样的形式实际操作起来有困难，父母也可以充分利用现今信息开放的便利，在网上了解幼儿园的情况；征询幼儿园在读幼儿或毕业生家长的就读感受等。孩子上了幼儿园之后，回家看到爸爸、妈妈会主动打招呼，或者原本性格内向的孩子入园后变得自信开朗，这样的幼儿园就可以说是比较理想的选择。

培养孩子的基本生活习惯

父母除了用心选择合适的幼儿园，同时要做好入园所需的生活习惯和语言练习的准备工作。最基本的包括自己吃饭、穿衣、与别人沟通，以便孩子在行动上得以独立，进入幼儿园才不会难以适应。如果孩子三岁以前在家里没有做好准备，饮食、排便、睡眠、穿脱衣服等基本生活习惯尚未独立，就突然被送入幼儿园，孩子很难适应幼儿园的生活。

在这里我必须要说明，孩子虽然进入了幼儿园，但是在尚未步入小学之前，教育的主要责任仍然在父母身上，不能认为孩子进了幼儿园，自己就万事大吉了。幼儿园只是家庭教育的补充和配合，补足家庭教育的部分功能，配合父母更好地施教于孩子。

父母的家庭教育和幼儿园教育不同的地方在于：没有固定的授课场所和模式化的管理方式。对父母的观察是孩子的输入方式，对父母的模仿则是他们的输出。孩子的感知非常敏锐，学习能力也很强，父母的无心之举很容易被孩子记住并进行复制。知道了这一点，作为父母的你平日就要端言正行，做好榜样。

另外，在培养孩子基本生活习惯的时候，还要记住实践操作比理论更重要，用嘴说十遍，不如放手让孩子自己做一遍。独立吃饭、穿衣、上厕所，一开始可能会很困难，但只要反复练习，到某个时间点他自然就会做了。

教会孩子与人友好相处

小孩子天生喜欢做游戏，幼儿园则给孩子提供了一个玩伴更多、内容更丰富、选择更多样的游戏场所。孩子在幼儿园中，通过与同伴的共同游戏，更加容易学习，更加趋于社会化。

孩子在幼儿园中与同伴的来往机会突然增多，父母要借此教会孩子如何与人相处。在幼儿园里，孩子有时很听话，表现得与人合作；有时又很顽皮，表现得与人对抗。这一切都很正常。因为孩子本身就是摇摆不定的。父母要明白：孩子不管合作还是对抗，都是在学习，因为二者都是生存所必需的方式。有的父母认为只有处处合作的才是乖孩子，如果孩子从小到大始终不懂得对抗，将来踏上社会如何生存？产生对抗，是孩子自我意识发展的一种过程，也就是通过反抗和拒绝的行为，来表明自己和别人之间不同意志的冲突，跟孩子乖不乖没有关系。父母不能要求孩子对所有人都完全合作，完全合作的孩子缺乏自我主张；也不能任由孩子完全对抗，完全对抗的孩子，在幼儿园里连一个好朋友也找不到。所以两个小伙伴之间，有时候会打架，有时候手拉手，有时候嘻嘻哈哈，有时候怒目相向，其实这一切都再正常不过。

至于父母应该怎么做，很简单，就是当孩子合作的时候，赶快多教他一点；当他开始抗拒的时候，就少教一点。孩子反抗的时候，父母知道他是在学习反抗，这时退让一点又有什么关系呢？这样孩子慢慢长大后也会知道，别人对抗他的时候，他就退让一点；别人合作的时候，他就稍微前进一点。这会让孩子一辈子都受益，将来遇到各种状况都能适应。父母要顺着孩子的生活进程，慢慢培养他为人处事的方式和方法。

成人会发脾气，为什么孩子就不能发脾气呢？只不过孩子跟大人的表现形式不一样而已。大人有时都会控制不了自己的情绪，更何况小孩子呢？孩子对情绪本身的认识和处理，也是一种学习，如果认为孩子不管什么时候都要听话，那应该挨打的是父母。

正确引导孩子的性别观念

孩子三岁以前性别观念不强，三岁以后借着男女身体上的差异，会开始对性的区别产生兴趣。父母不必为此惊慌失措，要认知到这是人类非常自然的发展阶段，并且用恰当的方式对孩子进行引导。

首先，父母绝不能以成人的尺度衡量孩子这种懵懂的想法，以免孩子受到压抑而引发不安，甚至为了害怕受罚而产生罪恶感。同时父母要用恰当的方法给孩子解释性别问题，当下相关的科普书籍和资料很多，父母可以选取其中表述客观、尺度适当的内容为孩子进行讲解。对于孩子暂时不能理解的部分，做简单的行为规范即可，如告诉孩子保护自己的隐私部位、不可被人触碰亦不可触碰他人；公共场所（幼儿园等）的厕所有男女之分，不应混淆等。

其次，性别观念的产生，不仅是孩子明白男女有别、需要受到行为规范的标志，同时也代表孩子对于同一性别的成年人有模仿的意识，这种意识叫作自居，他们的主要模仿对象就是自己的父母，男孩子会学爸爸的举动，而女孩子则会复制妈妈的举止。慢慢孩子的坐、立、言、行都会越来越像自己的父母。比如玩过家家游戏时，男孩一般都很自然地觉得自己是爸爸，而女孩会觉得自己是妈妈，这不是在大人的要求下这么做的，而是人类的本能驱使。**这就要求父母忠于自己在家庭中的角色，分工合作，让孩子形成比较明晰的性别观念。**

协助孩子顺利跨越“四岁半墙”

幼儿四岁以后，逐渐开始对支配自己的身体充满信心。到了四岁半的时候，孩子开始面临智力、体能、知觉发展十分重要的一个关卡，儿童教育专家把它叫作“四岁半墙”。

大多数孩子，在个人强烈的成长意愿驱使下，都能顺利地跨越“四岁半墙”。跨越之后的孩子，表现出旺盛的冒险精神，开始向各种运动玩具挑战，荡秋千、滑板车、跳绳、钻洞，由单一活动扩展为整体协调的身体平衡动作。这种协调动作同样表现在绘画和手工中：孩子胸有成竹地画出很多东西，也能够制作有模有样的手工作品。

但为了孩子能更平顺地翻越“四岁半墙”，父母还是有几点需要注意：

把握“四岁半墙”的特点　顺势培养

处于“四岁半墙”这一阶段的孩子通常很活跃，越来越能跑善跳，灵巧地做出各种动作，以证明自己可以充分控制自己的手脚和身体。父母要明白孩子这个阶段的特点，在保证安全的前提下，给予他足够的自由和空间。偶尔摔倒了又怎么样？摔倒也是一种学习。

孩子摔倒了，父母不要马上去搀扶，要让孩子靠自己的力量爬起来，这是学习自立的第一步，有些孩子长大以后就常常会装病，为的是要别人可怜他、同情他、帮助他，这其实都是从小时候他一摔跤，父母就马不停蹄地去照料他这样的教育模式中学来的。所以父母一定要控制好对孩子帮助的分寸，以免形成过度保护的局面。这对孩子成年以后的发展是很有影响的。

一个人的体能水准、感知能力和自立程度，往往在四岁半就已经成型。四岁半以后，大脑发展趋缓，所以，如果在四岁半以前没有对孩子进行良好的启发，很有可能会使孩子一生的智力受限。而把握住四岁半前这一阶段对孩子好好培养的父母，他们的孩子聪明的概率就比其他孩子要高。

我见过一些父母，带着很小的孩子回归田园山林，自己在郊区造一个房子，生活方式也遵从自然简朴的原则，不给孩子报无数的兴趣补习班，而是让孩子释放天性，融于自然，在田野间奔跑、感受。这样既能提高孩子感知的能力，对于孩子的体能也是很好的锻炼。一门心思挤进大城市，有时其实是对孩子的一种伤害。困于各种课业的孩子，行动容易迟钝，直觉也比较不灵敏。曾有人经过研究得知世界上的伟人大部分是从农村出来的，因为即使是动物，也是放养的强过圈养的。

父母要审视自己的固有观念

四岁半左右，孩子的世界观开始形成。**孩子天生并没有善恶观念，他分辨是非的能力需要父母的教导**。但父母如果将自己的固有观念简单粗暴地灌输给孩子，这是不正确的。

比如大人会觉得洗手间是脏的，是因为大人的上一辈从小就告诉他们，排泄物很脏这样一个概念，其实排泄物也是来自我们每一个人的身体，没什么脏的，不应该一开始就用贬义来定义它。一旦孩子被输入了固有概念，他就会放弃探索、不再寻求改变的可能。比如孩子接收到“洗手间是脏的”这一概念，那很可能以后他的洗手间永远不干净，因为他认为事实天生如此，没必要去纠正或改变。而如果先输入“洗手间应该不脏不臭很干净”这样的意识，那孩子可能马上着手去打扫清理，让洗手间变成一个干净的地方。

种种例子都说明父母的固有观念会有很多错误，但是有些父母往往不承认，而是不由分说把孩子与自己不同的做法一概判定为错，孩子是没有抵抗力的，没办法反抗父母的强势，即使委屈、不服气甚至有充分理由证实自己的想法是对的，也还是只好以父母的判断为标杆来规划自己的行为和思维。

因此，父母一定要时刻审视自己的认知和逻辑，不能想当然，也不能偷懒图方便，就把自己的既有知识原封不动、不论对错地传递给孩子。

帮助孩子提升语言能力

四岁半左右的孩子，语言会迎来飞速发展，父母一定要把握这个阶段对孩子的语言能力进行有效训练。

在此我所说的语言训练不是指盲目地为孩子选择各种外语培训班，意图让他先人一步具备额外的能力，而是专注挖掘孩子母语的潜力。

有些家长认为自己的孩子语言能力很高，因为他们在家一直不停地说话，絮絮叨叨不见停。其实这个情况父母反而应该注意，孩子讲太多话的时候，往往是一个信号：他只能勉强表述事件的表面，无法精准、文雅地表达深度意见和感受。

形成这种状况的原因，很可能是父母一人一个语种或方言，在孩子成长时，家庭成员的语言又没有一个主次的安排，孩子的逻辑思维就会发生混乱，不知道该以哪一种语言作为自己思考的载体，换言之，他没有母语。

母语已经不是单纯指说话阅读听力，它是一种知觉的反应，我们使用母语时，有时甚至不需要思考一句话是什么意思就能很正确地回应，阅读时只是眼睛扫到几个字就能了解整篇的意思，这就是形成了本能，嘴巴和脑子之间没有中介，也无须翻译。**母语就是不必想，你就懂；不必想，你就会讲**。中国人学英语常常是中国式英语，就是因为我们总是用中文的思考方法去讲英语，所以五岁以前父母以及家里其他大人都要协调好，统一以一种语言为主来表达。小朋友现在基本上都以普通话为主，可能会有父母遗憾孩子不会说方言或者外语，但把普通话作为母语学透彻了，以后再学其他语言就会很快。

父母训练孩子的语言能力不能想着把他们往培训班一送了事，在家里一定要多跟孩子沟通交流。起初可能孩子不能完全理解父母的话，但坚持做，会有一个时间点豁然开朗。父母跟孩子的沟通，也是跟着孩子学习，学习现在年轻人的表达方式和想法，这样孩子才愿意和父母交流，防止两代人产生隔阂甚至对立。

培养孩子正确的金钱观念

面对孩子的进步，父母要适时地做出鼓励。对于幼童阶段的孩子，父母语言的鼓励，只不过是他们的一阵耳边风，听过就不见了。所以在这个阶段，父母可以考虑多用物质奖励，把正常所需品变成奖励的内容，比如给他新的玩具，或者买新衣服，这样一举两得。不要用冰激凌、饮料或者甜食来奖励，以免造成孩子不爱吃饭的坏习惯。而四五岁的孩子通常只知道钱可以买东西，但对钱的实质意义并不明白，也缺乏使用的能力。所以在孩子六岁以前，最好不要用金钱作为奖励。

不过此时可以开始给孩子一些零用钱，培养孩子一些用钱的态度。比如给孩子点钱，陪他到面包店，让他尝试着自己购买，有机会当场进行教育。顺便说一下，孩子上学以后多观察、多了解他在零用钱方面的需求，以及学校的供应状况，再决定零用钱的数量，应该比较妥当。在小学低年级时，每两天或每星期给一次零花钱，以免丢掉或一次用完，养成不良的习惯；中、高年级时，再逐渐把时间拉长，增加零用钱的金额，并且利用机会和孩子讨论使用零花钱的方式，以培养正确的金钱观念。

孩子越来越像个“小大人”了

五岁的时候，孩子明显地聪明起来，变成一副“小大人”的样子。在日常生活中，几乎已经不需要大人的照顾。慢慢开始认字，追着父母问“这是什么字”，遇到会念的字，也会大声念出来。还时常会说出一些并不常用或者父母并没有教过的词汇。对包括日历、钟表在内的数字，也产生了浓厚的兴趣，对自然知识的理解也表现出惊人的进步。

抓住时机　延续孩子的求知欲

对于孩子表现出强烈求知欲的一面，父母必定感到十分惊喜。此时父母一定要把握好时机，巩固孩子对知识的兴趣，培养他们学习的能力和习惯。在这一阶段对孩子要进行有意识地训练，不再是揠苗助长，而这才是对孩子天性的最佳珍惜方式。

孩子对知识的热情十分外化，他会不停地问问题：这个字怎么念，这件事为什么这么做，这个东西叫什么等，而且同样的问题可能会问几十遍。但不管他们问多少遍，父母都要认真耐心地回答。因为学习就是个不断重复的过程，今天学会的东西，一段时间不接触就会淡忘。如果父母因为自己不耐烦而粗暴制止孩子问问题，必然会挫伤孩子的热情和积极性，还会使他们的性格变得内向，既不想了解更多的事物和知识，也不想表达自己，或是寻求解答。

另外，我们的父母还要清楚一点：知识不等同于学校课程。我们一生所需要的知识，不仅仅局限于数字、文字，还有许多有趣的领域可以涉及，比如音乐、美术、体育等。所以我们建议父母，让孩子多学一些看似“无用”的东西，比如画画、游泳、听音乐，这些都是能让孩子的性格和感知更丰富、更完整的事。

除了关注孩子的求知欲、帮助孩子形成学习的习惯，不断深化、丰富跟日常生活有关的东西，也应该是父母继续坚持的重点。

培养主动做家务的意识

大部分孩子五六岁的时候，都会热心做家务。不过他们没有家务的概念，只是把做家务当作游戏，做起来很快乐，也很乐意去做。父母应该因势利导，考虑孩子的能力，辅导他们做一些必要的家务。通过从小让孩子分担家事的方式，强化孩子勤劳的习惯。重要的是要让孩子喜欢做，保持兴趣，而非为了空洞的难以体会的责任感而做。

上面刚刚说过，对于孩子的进步，父母可以给予适当的物质奖励。但是在分担家务方面，却十分不宜像西方家庭那样“按劳付酬”——父亲要儿子帮忙擦车，开价五美元；女儿帮妈妈洗碗，索要三英镑。有的家长认为这样很现代化，或者能够培养孩子的经济头脑，在这方面竟也急起直追，恨不能迎头赶上。可是假如哪一天父母生病了，让孩子帮忙做点事情，他按照市场经济办事，说今天只想休班，不想赚钱了，父母又当如何呢？**现在很多人有这样错误的观念，认为可以用金钱来激励孩子，却不知道这是在用金钱玷污孩子的心灵**。因为孩子既然是家庭里的一分子，就应该分担家事，一家人的亲情永远不是金钱所能够计算的。

生活能力的进一步锻炼

孩子到了五岁，简单的生活事务应该基本上不需要大人的过多照料，因为他已经翻越了“四岁半”这道墙。诸如吃饭、上厕所、洗手、拿餐具等基本动作都可以由他自己完成。如果孩子到五六岁还每件事情都依赖父母去做的话，是需要大人反省的事。

五六岁的小朋友在具备能保证生存（吃喝拉撒睡）的自理能力以外，还应该有一定的规范性和计划性的习惯，比如早晚自己穿脱衣服，晚上临睡前能把第二天要穿的衣服挑选出来叠好放置在固定的地方，能记住把需要换洗的衣服送至待洗区。父母还可以让孩子试着将装有幼儿园必需品（吸汗巾、小手帕等）的小书包自己理好，去幼儿园时也让孩子自己背这个包，既培养孩子的条理性，也让他对自己的所属物品有守护和归置的概念。

生活教育在这个阶段比学业更重要。学业经常在变，生活的技能却是一辈子不会变的。**孩子从小具备衣食住行方面的熟练自理能力，一生都将受用无穷。**

为小学生活做好准备

父母此阶段还有一项重要任务，便是帮助孩子初步认识即将开始的学校生活。

父母对于孩子进入小学是比较激动和兴奋的，但孩子还是以紧张情绪为主。因为父母是经过学校生活的人，孩子却是第一次，对未知的学校生活怀有向往和恐惧并存的心理。父母要特别体贴关怀孩子，可以在入学前的日子跟孩子约定：第一天上课妈妈会请假陪你，你随时有事情妈妈会帮你忙，不要担心。然后孩子产生不安和恐惧的时候左右环顾，能看见妈妈真的就在外面，心情会有效平复。然后妈妈慢慢地离开也不要紧了，因为此时孩子已经适应。这和骑自行车类似，孩子即使已经学会，但父母陪伴和帮助的感觉会给予他极大的安全感和稳定感，他的恐惧、焦虑能得到极大缓解，之后父母再慢慢放手，孩子也能水到渠成地适应。

小学生活开始，孩子将从自由变为受限的状态。幼儿园虽然已经对孩子有一些纪律的要求，但并没有极为严格的时间规定和行为规则。每节课的时间也只有小学的一半甚至更少。幼儿园的小朋友除了时间上较为宽松，行为举止也不作过多要求，有幼儿园家长去参加学校活动时，看到排队的孩子偷偷在拽老师衣服上的亮片，这样自由的行为，小的时候可以视之为可爱，但到了小学还如此无拘无束，没有任何规矩的概念，就是散漫了。所以父母要在孩子五岁多这一阶段做好幼小衔接的纪律训练工作。

可是在幼儿园自由惯了的孩子，要他们一下子变成行端坐正的学童是非常困难的，很多父母反映自己已经磨破了嘴皮子，但收效甚微，孩子还是我行我素。我们说孩子这阶段像“小大人”，父母可以对这个性格特点善加利用，让孩子扮演小老师，父母模仿初入学低年级学生一些常见的坏习惯，比如上课讲话、做小动作，写作业经常开小差等，让孩子来纠正这些行为。正所谓“十学不如一教”，父母唠叨十遍，孩子反而可能关上耳朵完全不往心里去，但让他们做小老师来纠正一遍这样的行为，他们的记忆会非常深刻。

有些妈妈的确很了不起，有意或无意经过学校时，她会告诉孩子：“这个就是你以后的学校，再过一年你就要来这里上小学了。”孩子听了，会在心里告诉自己：我再有一年就要上小学了，原来就是这个样子的。学校的规定，也应该在家里就一点一滴地教会。比如妈妈告诉孩子：“进了小学就跟以前不一样了，上课要准时，不能迟到。迟到的话，全班同学都看你一个人进去，你会不会很难为情？”父母还要告诉孩子上课是有铃声的，甚至最好找机会让他听听看。孩子有了妈妈做的这些心理铺垫，就会明白到时候要转变自己，熟悉规定转变起来就会比较自在，也容易适应即将开始的学校生活。

第九章
十二岁以前儿童的教养特点

父母培养孩子的读书兴趣，不一定要让孩子博古通今，是为了让孩子用丰富的知识和更为广阔的视野去认识人生。

重视孩子入学后的心理调适

孩子结束幼儿园阶段的生活之后，步入小学，开始接受正规的基础教育，也就是国民教育。所谓国民教育，就是一个国家的国民必须要具有的一些基础素质，要在小学这六年当中给孩子培养出来。换句话说，要用小学六年，为国家培养出优秀的国民。

目前我国的小学教育日益健全，水平相对来说已经很高，我们在此主要讨论在家庭中要如何跟学校配合，对孩子进行更全面的教育。

小学一年级，对孩子和父母来说，都是一个新的开始。从自由自在的生活转向有规律的生活，成为孩子最大的生活变化。孩子虽然在幼儿园一定程度上经历过规律的生活，但那时对于迟到、缺课的要求都比较宽松。规定执行得也并不严格，想上厕所就上厕所，爱坐在地上就坐在地上。而且在孩子的记忆当中，游戏就是学习，而学习也就是游戏，两者根本分不开，当然也不需要区分。但到了小学，规矩多，要求复杂，执行力度也加强了，孩子和父母都要适应这样的变化，对心情和行为都需要加以调适。

刚刚六岁左右的孩子，此时一只脚踏入儿童期，另外一只脚还没有离开幼儿期。早晨神气十足地挺胸抬头去上学，回到家里则缠着妈妈撒娇，针对孩子这种矛盾的心理现象，父母不能嘲笑，也不必担心，但是要帮助孩子做出阶段性的心理调适。

帮助孩子克服恐惧心理

孩子都有与生俱来的恐惧感，包括惧怕黑暗、惧怕打雷下雨、惧怕动物等。父母的责任是当孩子恐惧的时候，不要离开他们的身边，并且帮助孩子克服已有的恐惧。孩子初入小学时情绪很复杂，一方面他有一种期待，另一方面心里也有相当的恐惧。除了学校的规模大、一起相处的同学多之外，那些高年级学生和成年的老师也引起孩子很大的紧张感。这个时候妈妈需要特别体贴，可以跟孩子讲："没有关系，第一天上课，妈妈会在外面，你有事情随时找我，妈妈会帮你忙。"这样孩子心里就会踏实许多。

孩子们的恐惧和紧张，可能不会直接说我害怕，我不想去，他们都反映在行为里。有些孩子一听要去上学就说肚子痛，或者在早上出发前磨磨蹭蹭、想尽办法晚些出门，还有的绝口不提学校的事，对父母的询问沉默不语。

这和搬家一样，孩子如果突然被带到了一个新环境，周围的房子也不认识，人也不认识，什么都是新的、未知的，感到恐惧是孩子内心的一种本能反应。所以父母要把铺垫的时间拉长一点，把一定会搬家（必须要上小学）这个事实反复地向孩子提起，说的时候多描述一些新生活的美好和乐趣，让孩子的恐惧和紧张慢慢从减弱到消除。

父母应该了解，对入学以后的孩子，父母的影响力会越来越小。孩子逐渐从狭小的家庭走向更宽广的世界，同学、老师的影响力反而会越来越强大。所以父母对孩子和同学的相处情形，也要加以观察。总是自己一个人玩的孩子，父母最好反省一下：是不是自己平日怕孩子出去玩受欺负，又怕跟坏孩子一起学坏了，结果造成孩子的孤独。父母不能强制孩子一定要出去跟大家一起玩，应该找出根本原因，逐渐加以转化，使孩子更加合群才对。

让孩子适应玩与学的转变

进入小学以后，游戏是游戏，学习是学习，两者开始分化，孩子缺乏这种心理准备，当然很不适应。父母如果不了解这种情况，一下子要孩子变成大人似的，要求他们学习时专心学习，等一下玩游戏时再来游戏，孩子反而认为妈妈变了，不像以前那么值得信任和依赖，亲爱的妈妈忽然间变得生疏、严格而不近人情。于是孩子叛逆心理兴起，表面上服从妈妈的指示，改变自己的行动，心里头一百个不高兴，在父母不太觉察的行为上阳奉阴违，故意捣乱。

因为小学教育叫作义务教育，这既是国家对孩子施行义务帮助，同时也是孩子需要尽到的人生义务。所以去学校，本身是一种福利，但换个角度，对孩子来说，可能也是一种强制型任务，有时就会不乐意。如果父母也认为念书是一种迫不得已的任务，孩子是不得不去上学，每当遇到孩子不愿意上学的时候，父母就非常急躁，铁口冷面大声呵斥他，凶巴巴地要求他去，那么孩子会觉得，为什么上学前父母对我百依百顺，现在却变脸像换了一个人，认为妈妈是不是不爱我了，妈妈是“坏妈妈”。亲子双方都感到伤心，教养关系就会出现负面的影响。其实这个时候父母用温柔耐心的态度对待孩子很重要，会更有效。

我首先建议，不要采取高压的手段来逼迫孩子就范，不要用老师的权威来恐吓孩子，也不要用糖果、金钱来引诱孩子做功课或考出好成绩。这些都是父母常用的方式，对孩子的身心发展都相当有害。一旦有了“坏妈妈”的念头，孩子认为妈妈是把他推进学校，就会开始厌学、逃课，上课时调皮捣蛋，下课打架更是很平常的事。妈妈不可操之过急，小学一二年级孩子偶尔几天不去上学，并没有太大关系。父母越强迫他，他反弹的力道越强，效果越是不好。

和老师保持密切联系

父母最好和老师保持密切的联系，共同重视孩子的心理辅导。这不是说要父母跟老师说多偏心自己的孩子，也不是说哪个老师不够好要换一个。而是要请问老师，孩子在学校是否专心，学习上薄弱的方面，和同学相处是否融洽等，然后和老师配合，在家对孩子进行调整教育。上课时不能专心听课的学生很多，父母首先回想一下孩子在家里是不是这样：刚写一两个字就跑到厨房，打开电冰箱看看有没有什么东西可以吃。如果真的是这样，就要在低年级时特别向老师说明，让老师多加注意加以改变。否则拖到中、高年级，不但同学讨厌，老师也会责骂，久而久之，孩子的性格也会变得古怪。

父母多与老师沟通和交流，还能了解孩子的一些学习习惯，比如课前准备学习用品、写字规范、自学能力、预习、复习习惯等诸多方面。良好的学习习惯对他们的未来是有很大的帮助的，而且受益终生。通过老师的反馈，父母在家可以针对孩子的具体情况，有针对性地监督和培养。

小学入学阶段，家庭教育和学校教育一定要加以协调，力求步伐一致，相互补足。家长要如实和老师沟通汇报孩子在家的态度表现，而老师如果在学校发现孩子有所不足，也要及时向学生父母指出。这样通顺的信息交换之下，更有利于督促孩子尽快改正各方面缺点。如果家长不能正视、老师又选择忽视的话，孩子很难认识到缺点、改正缺点。如果家长对于教育孩子没有明晰的计划和概念，可以请教老师，根据老师的建议对孩子进行指导。

教孩子懂得尊敬老师

在孩子的成长中，老师的作用举足重轻。因此，家长引导孩子尊重老师也非常重要。

小学入学以后，父母必须率先尊重老师，使孩子养成敬师的习惯。在家要听父母的话，入学要听老师的话，这属于相同的生活法则。孩子在家有什么困难，可以请求父母协助，在校同样可以请求老师帮忙。不过父母需要特别嘱咐孩子一点：老师要照顾学生的数量，远比父母要照料的孩子多，所以如果老师忙不过来或者没有处理好，可以回家后再告诉父母，不要在学校哭闹，惹得人家笑话。

如果孩子回到家，告诉父母老师偏心或者无理处罚，父母既不可以站在老师的立场趁机教训孩子，也不应该站在孩子这一边跟老师对抗或数落老师的不是，以免误导孩子看不起老师。**因为看不起老师的学生，不可能从老师那里学到东西。**孩子在学校受到委屈，心理上不能平衡，需要的是父母的倾听，让他一吐心中的闷气。孩子逐渐平静下来以后，父母再表示同情，鼓励他想办法改变老师对他的态度。当孩子以实际行动换得老师的好印象时，孩子的自尊心和自信心便随着增强了。父母更加不能带着孩子向老师兴师问罪，万一老师怀恨在心，连本带利向孩子讨回公道，岂不是害了孩子？

孩子对于师长，心中更多的可能是畏惧和戒备。对此，父母要给孩子建立一种认知，即老师也是朋友。平日里，父母可以给孩子灌输一些事例，比如自己曾经遇到过哪些和蔼亲切耐心的好老师，对自己有怎样的帮助。也可以在孩子向自己提问的时候，建议孩子去征询一下老师的意见。在这样的潜移默化之下，孩子会意识到老师的可亲可敬之处，愿意更多地接受老师的指导。父母千万不能用老师作为威胁孩子的对象，这只会增加他们内心对老师的畏惧，加深对学校教育的抗拒。

启发孩子心智是关键

提到孩子的心智教育，或许很多家长还不太了解，那么心智教育到底是什么呢？

心智教育是关于孩子的心理成长和思维成长的教育和培养。教育的目的，就是让孩子拥有健康的心理和完善的思维能力，进而获得独立、健全和完善的人格。

孩子在小学阶段最重要的就是心智的发展，这种事情完全委托给学校老师是完全不够的。一个老师要面对几十个学生，标准化、统一化的教学是效率所需，这样的结果就导致没办法那么精心细致地顾及每一个孩子，所以父母的家庭教育才是孩子心智发展的主要依靠。

促进孩子心智发展　需注重实践

相比知识成长的培养，心智成长显得尤为重要，不少父母都只看重孩子的成绩，却不知道知识只是孩子未来成功与幸福的辅助品而已。

孩子从课本上看到的内容，从课堂上听到的知识，和自己亲身经历的事情，基本上有很大的不同。心智发展最主要的活动并不是看到或听到，应该是“思虑”，而不是“思考”，因为“考”和“虑”的不同在于“无心”和“有心”。父母告诉孩子这是梅花，那是桃花，孩子如果只是看到和听到，思考怎样记住桃花和梅花，只动脑而不用心，不亲自分别它们的差异性，充其量只能获得知识，却不能真正开启心智。唯有用心去想这种为什么会叫桃花，那种为什么会叫梅花，怎么通过叶子、树干和花朵之间的关系，分辨两种花根本的区别，才是有心思虑的表现。这个过程，对孩子心智的发展具有很大的影响。

孩子天生具有自己的小宇宙，但是需要通过启发才能释放力量。父母多留出一些时间和孩子共同生活，鼓励孩子多提出一些问题，然后一起到图书馆、博物馆、山上海边、郊外田野，通过共同合作寻找答案。孩子不仅可以从中感受到快乐，同时还能切身体会并得到最为直接的经验，而经验与体会是孩子心智成长过程中必不可缺的要素。父母耐心陪同孩子去实践，养成孩子思虑的习惯，就可以逐渐放手。有一天眼看着孩子不必父母督促，不需父母陪伴，自己便自发地读书查阅，还与家人分享收获心得，父母一定会十分欣慰：看来这一段的陪伴至关重要，也十分值得。这也正是前面我们所说的家庭教育中父母由教到陪，再到孩子自己做事情的过程。

帮孩子树立正确的是非观

在家庭教育中，父母只是用对与错来教导孩子当然简单，但是非绝对分明却不完全是件好事情。如果父母从小教孩子是非绝对分明，黑就是黑，白即是白，不容反驳和质疑，这样可能会让孩子思维机械化、令孩子一生发展受限。人的所知非常有限、判断力缺乏，还有什么本事做到是非分明？中国人最讨厌没有是非的人，却也最不喜欢是非绝对分明的人。混淆是非、是非绝对分明，都是二分法的思维模式。中华民族是世界上很少有的叫作“是非难明”的民族。中国人的问题往往只有一个答案，就是三个字：很难讲！这不是说中国人凡事模棱两可、语焉不详或爱打马虎眼，而是用辩证的观点来看待事物，是一种科学的、全面的价值观与人生观。

家庭中的两个兄弟吵架，西方的父母一定会先问谁对谁错。若是哥哥对，弟弟错，家长只会骂弟弟，不会骂哥哥，因为他们认为没有理由骂哥哥。标准的中国人是站在“合”的立场来处理事情，兄弟俩一吵架，父母很少去问谁对谁错，两个人一起罚站，就算对也没有用。很多人因此批评中国人这样做不公平，没有是非观念，那是他们不懂中国人的事情。**父母通过这种“中国式是非观”的引导，影响孩子思维方式的成长，也是心智培养的重要一课。**

在这里给大家讲一个我自己家的真实故事。我家有三个小孩，其中两个是男生。兄弟俩一吵架，两个都要罚站。站了五分钟，我会把弟弟叫来，问他：“你今天有没有错？”弟弟一句话都不说，因为他不清楚我是什么意思，怎么敢随便说。弟弟不说，我就要说：“你不要以为爸爸糊涂，今天你没有错，只有哥哥的错，爸爸心里清清楚楚。”他听了我的话，马上说：“是啊，我没有错。”我们的教育是说：爸爸不讲话，我怎么敢讲话；爸爸讲了话，我怎么敢不讲话。这样的孩子将来踏上社会，就会适应得非常好。

我接着问他：“既然你没有错，为什么我会罚你站？”他说：“罚我站比较好。”我说：“你不高兴就说不高兴，拍马屁说好听的话干吗？”他说：“我没有说好听的话，真的是罚我站比较好。”我说：“奇怪了，你没有错，我罚你站反而比较好是什么意思？”他说：“有一次你只罚哥哥没有罚我，结果我被哥哥打得好惨。”我说：“哥哥打你，你告诉我就好了。”他说：“不告诉你还好，告诉了打得更惨。”我说：“那要怎么办呢？”他说：“就像现在这样，不管我有没有错，一起罚站就没事了。”我说：“你自己能懂得这个就好，我不是糊涂，而是保护你。”弟弟没有错，我却罚他站，其实是保护弟弟免得再挨哥哥打。若是只罚哥哥，哥哥觉得没有面子，回头一定找机会拿弟弟出气。我对孩子是这样教的。

我再把哥哥叫过来，问他：“今天就你一个人的错，弟弟一点都没有错，你不要以为我搞不清楚。我倒是比较关心，你知不知道为什么弟弟没有错我会罚他站？”他说：“你是给我面子。”我说：“不对。”他又想了想，说：“你要我以后更加爱护弟弟。”我说：“你明白就好。我会比你早走，我死了以后弟弟要靠你照顾，不然他陪着你站干吗？”他说：“我记住了。”

当下很多的父母其实都非常称职，都很愿意学习如何当好家长，也到处学习先进的、科学的育儿经验，希望能教育出优秀的孩子。他们阅读大量的西方育儿书，也接触国外的育儿专家，这是现代父母的一个巨大进步。**但无论什么经验，都要选择适合我们自己的**。中国父母，如果完全按照西方民主式家庭教育，可能一样会培养出优秀的孩子，但却很可能丢掉我们中国特有的、兄弟姐妹的那种感情。

兄弟之间一定要同心协力，只要吵架就是两个人都不对，这才是大是非。其余很多事情，都是小是非，谁对谁错一阵子就过去了。既然是兄弟就不能吵架，所以不管是谁错都要罚站，就是为了一个“合”字。父母不是法官，满脑子的对错，最后就会分崩离析。**有时候我们认为没有是、没有非的人，才是真正有是非的人**。这才是中国的道理，中国人算得很长远，想得很周到。

所以父母不妨趁早告诉孩子：事情本来就是非难明，人天生就有烦恼，但是烦恼再多，原因却只有一个，就是对每件事情都仅凭一时的感情来做决定性的判断。如果感情不轻易冲动，并且努力设法让自己冷静下来，用心思虑，收到事缓则圆的良好效果，各种烦恼自然一扫而光。父母对孩子这样教，自己也要这样做。只有做好自己的情绪管理，用理智来指导感情，指导自己的教养行为，才能成为孩子的榜样，与孩子共同成长。

培养一个爱读书的孩子

孩子的读书问题可谓是中国家长们最为关心的话题之一，每个家长都知道读书的重要性，也希望自己的孩子能够“腹有诗书气自华”。

然而，如何让孩子养成良好的读书习惯，想必我们的父母对此也是绞尽脑汁。我认为，最重要也最有效的方法是培养孩子读书的兴趣，让他发自内心地爱上读书。

其实，我们每个人都需要培养多方面的兴趣，如果要在所有的兴趣当中找出最重要的一个，便是读书。

在中国人心中有两位人物最了不起：一位是文圣孔子，一位是武圣关公。他们活着时并没有建大功、立伟业，历史上那么多雄才大略的人，我们为什么偏偏推崇他们？原因其实很简单：孔子毕生的勤奋不已告诉所有的中国人要好读书，而关公一世的所作所为告诉所有的中国人要讲忠义。**人生最要紧的，品德方面讲忠讲义，兴趣方面读书好学，如此而已。**

读书明理　受益终身

读书的兴趣让人一辈子受用不尽，而且从小到老时时都很重要。那么，古语有云“万般皆下品，唯有读书高”，这句话到底对不对？先决条件是看读书的动机是什么。如果只为了升官发财、功名利禄而读书，当然很多人会表示不赞同。倘若为了求知，为了上进，为了了解宇宙人生的道理，相信不会有人反对。

读书不是死记知识，更不只是为了考试、升学，真正目的是要明白做人做事的道理。书本知识有两种：一种合乎道理，不但可知而且可行；一种不合乎道理，根本就行不通。

读书好学，要看看所读的书合不合乎中国人的道理，合乎道理的才可以拿来学。有人读书越多越不明理，就是有了知识而把道理丢开，或者学些行不通的道理。所以读书不能明理不如不读，而且“尽信书不如无书”。

所以，家长培养孩子读书习惯的同时，还要让孩子“会读书”，从书本中获取有益且行得通的道理，这样才能使其终身获益。如果只会死读书，将会成为不知道化知识为能量的“书呆子”。

兴趣是最好的老师

父母想要孩子读书明理，最要紧的就是从小培养孩子读书的兴趣。

兴趣是什么？兴趣指的是对某种事物感觉喜爱的一种情绪。良好的阅读习惯主要是让孩子从根本上喜欢读书，让他感受到不是为了读书而读书，而是以读书作为快乐，从书本中汲取营养，获取精神上的陶冶。

其实，父母在孩子就学之前，就要常读书给他们听，以培养其兴趣。儿童富于想象力，感受力也很强，因此所读的书的范围要尽量广泛，种类要繁多，而且要常常富于变化，使孩子提高兴趣。

很多孩子起初不喜欢读书，这时作为家长也不要去勉强他，因为兴趣是勉强不来的，兴趣是要不断去启发和培养的，而不是硬性规定家长要给孩子做什么孩子就要做什么，这么做不仅没有效果而且也非常不合理。

要求太多会让孩子对书本产生厌烦心理：反正我做不到，放弃算了。所以父母要给孩子安排适当的休息时间和合理的读书的时间，然后透过各种方法来引导他的兴趣。

培养孩子读书的兴趣　切忌功利

现代家庭，父母大多十分关心孩子的教育问题，而忽视了从小培养孩子读书的习惯，把读书看成现实问题，把读书当作谋取职业、应付考试的手段，结果养成孩子应付一时，却无法深入的读书习惯，害了孩子一生。比如孩子从学校回来，父母问问当天的情形，原本是人之常情。但如果孩子由于疲劳而不想说话时，就要让孩子休息一下，才是良好的亲子关系。父母穷追猛问孩子的学业成绩，会让他产生偏差的观念，认为读书是为了考试。**过分重视成绩，很可能断送了孩子的读书兴趣**。相反，如果父母能够在孩子幼小的时候，让孩子养成良好的读书习惯，形成书香家庭，对于孩子的教养，当然有很大的帮助。

功利心是阅读的大敌。仅想着功利的事情，阅读就失去了原有的快乐，就没有孩子愿意投入其中。我们培养孩子的读书兴趣，不一定要让孩子博古通今，是为了让孩子用丰富的知识和更为广阔的视野去认识人生。

当然，父母也不能高唱读书无用论，说什么“百无一用是书生”“书读得好又赚不到钱，还不如商人富有”这一类的话。不但父母不能说，听到孩子说这种话的时候，父母还要加以说明：读书是为了明白道理，金钱虽然重要，但是智慧、品德、健康、合群和做人的品质，实在比赚钱更要紧。

父母带头当“书虫”营造读书氛围

有一次，我去朋友家做客，看到他的孩子非常喜欢读书，不仅喜欢童话与故事，连一本工具书，也能读得津津有味。于是，我便向朋友请教经验。朋友是一位博闻多识的学者，家里藏书众多，客厅、书房、卧室、儿童房、厕所，随处可见。只要空闲的时候，他便和孩子在一起读书。读到欢喜之处，父子俩还会进行交流讨论。

孩子最强的能力是模仿，父母的行为和习惯，都会无形中影响到孩子。所以说，提高孩子读书兴趣更好的办法，莫过于父母的以身作则。父母是孩子的第一个模仿对象，如果我们一有空就看书，小孩自然而然就会去学你。如果爸爸妈妈不看书，却要求孩子爱看书，这样是难以培养孩子的阅读兴趣的。

想想看，父母看电视看得津津有味，却要求孩子用功读书、好好做作业，孩子心里怎么想？会服气吗？会专心吗？上学以后，孩子自己学习，父母在旁边也一卷在握，乐在其中，碰到有趣的文字或者新鲜的报道，可以和孩子分享，孩子耳濡目染，自然更有乐趣。父母多准备一些儿童书刊，鼓励孩子有心得时可以写出来。

所以，首先爸爸妈妈就要喜欢阅读、爱阅读，这样才能更好地培养孩子，让孩子有兴趣读书，引导和培养孩子的阅读兴趣，孩子才能真正喜欢上读书。

绝对不要认为孩子有吃有穿有用，父母就已经尽了责任，读书求学则是老师的事情，与父母无关。就算父母自己以前读书不多，照样可以陪伴孩子读书，自己也趁机学一些，岂不更好？

中国人教育孩子一定要有耐心，培养孩子读书兴趣方面也要如此。父母从小就读书给孩子听，然后要选择适合的材料给他，家中不要有什么酒柜，摆上一个高度适合的书橱，或者开辟出一些角落，将其打造成大人与孩子的读书区，都是培养孩子读书习惯的好办法。不要连个书桌都没有，书桌不在乎大小，小小的也是个书桌，让孩子坐在那里会拿起书来去阅读，家里总要有一个读书的环境给他。

古人说：“读万卷书，行万里路。”我们从小学阶段重视培养孩子读书的兴趣，养成良好的读书习惯，将会使其终生受益。

第十章 十五岁以前少年的教养秘诀

青春期是孩子鲜花一般的年纪，但如果在家庭教育中，父母把性教育这一部分忽视了，那青春期到处都将是鲜花覆盖住的陷阱。

冷静面对一个“不合作”的孩子

十三岁到十五岁这个阶段，孩子进入人生的青春期，通常女孩子会比男孩子还提前一点。青春期是人生变化最大的时期，无论在生理上还是心理上，都会产生很大的变化。心理学家把它称为人生的“暴风雨期”，这样说并不为过。这个阶段孩子反叛性特别强，不再愿意听父母的话，不少孩子还专门与父母“对着干”。不少父母都表示，青春期的孩子是最让大人头疼的，会发现原来听话懂事的孩子，突然之间变得特别“不合作”，经常把大人气得情绪失控。面对这个年龄段的孩子，父母最好格外小心，要控制好自己的情绪，肯花心思，让孩子平安度过这个“暴风雨期”。

父母与孩子之间的“心理脐带”

我们每个人在出生的那一刻，生理脐带就会被剪断，在物理上成为一个独立的个体，但孩子和父母之间，在之后相当长的一段时期，还系有一条看不见的“心理脐带”，这就是孩子对父母的依赖。一般从初中二年级左右开始，孩子在生理上进入青春期，心理上则进入叛逆期。孩子有一种精神上自立的觉醒意识，越来越感到自己是“大人”，并开始从“听话”向“平等”过渡，要求从大人的约束中解放出来，不想再依赖父母。这样的意识，即是孩子要剪断他和父母之间的“心理脐带”。

孩子想脱离对父母的依赖，也表示孩子将对父母进行重新评估，不再对父母的言行完全认同，而是会产生一些自己的角度和看法，甚至觉得父母的言行古板、过时。这其实是他想要争取独立的一种心理诉求，是每个人在成长过程中，必然要经历的过程。父母不必对此过分担心，或者烦恼。

这个时期，不光孩子存在着自立和依赖的心理冲突。父母一方面希望孩子自立，不要样样依赖别人；另一方面却又处处干涉孩子的行为，好像样样都看不顺眼，件件事都想出谋划策。父母这种矛盾的态度，也使得孩子不知何去何从，徒然增加内心的冲突，也令双方关系变得更加难以解决。

可见，剪断“心理脐带”的过程对于孩子和父母来说，都是充满焦虑和不安的。意识到这一点，做父母的首先就要调整自己的心态，不能因为孩子不再像以前一样听话乖巧了，就大发雷霆，怀疑自己以往的教育方式有问题，有的还会生气伤心，觉得自己的付出都白费了。父母要意识到孩子处在青春期，正是人生成长过程中，非常不稳定的一个阶段，给孩子更大的自主空间，同时多关怀孩子，避免孩子因为一时冲动，做出一些出格的事情。

争吵也是一种沟通和成长

进入中学后的孩子，最希望的事情便是自己拥有一个单独的房间，证明自己是一个独立的大人。然而，初中学生毕竟不是一个独立的大人，仍然需要父母的保护和指导，这一点孩子心里也十分明白。孩子既不希望父母样样都管，也不能接受父母什么都不管，在这种心理矛盾之下，导致不断地反抗父母，时常和父母吵嘴。他们还经常会把自己的父母和朋友的父母进行对比，总觉得朋友的父母比较开明，因而备感委屈。这些在表面上看起来，简直是对父母的大不敬，实则不过是孩子争取独立的一种手段。

此时，父母要明白，孩子开始和父母顶嘴吵架是一个信号。这表示孩子从小时候因为自己个子小不敢反抗，到现在慢慢长大后觉得父母在体力和思维上都不再具有绝对优势，他们就开始尝试用自己的力量跟父母的力量对抗。

孩子和父母顶嘴，说起来既不是什么大事，也不是什么坏事。孩子通过反抗，只是表现自己的存在，希望父母尊重他的人格。孩子完全不顶嘴，长大以后，可能还会缺乏创造的精神。所以父母面对孩子顶嘴和吵架这样的情况要理解，对孩子来说，吵嘴的背后隐藏着许多家人骨肉的温暖，每一次吵嘴，孩子都长大了许多。孩子与父母吵架，更像一种练习，因为孩子长大后，迟早有一天要投入社会，与他人相处、争执，如果他从来没有接触、练习过这样的情况，那遇到吵架，即使对方没有道理，他们也不懂反驳，就乖乖被别人骂吗？孩子要借好的对手来完成自我成长，而父母就是最好的“吵嘴对手”，为什么一定要全面禁止呢？

常言道：理不辩不明，孩子除了纯粹为发泄情绪而吵的架，大多数时候孩子在吵架中能理顺自己的思路和想法，他们只是一时不能接受做错事被批评，但在吵架中他们能明白自己错在哪里。父母无论如何都会比孩子成熟，所以吵架的时候不能失去冷静，更不能偏离最开始和孩子冲突的目标。不要单纯被孩子的态度激怒，而拼命想在声音和气势上压过孩子，这没什么实际用处。**父母要克制和忍耐，等孩子冷静下来，他们自然会后悔、会自己调整**。这样的吵架，是一个良性后果。父母要给他的教育也达到了。虽然过程是曲折的，但效果是好的。

父母需控制情绪　多沟通关怀

父母了解这些以后，针对孩子一些“血气方刚”的表现，就会把它当作成长过程中的一部分，以冷静理智的态度来面对。应该斥责的时候加以斥责，应该批评或提出意见时，也要以父母的身份给予批评或意见。理智处理的方式，并不是放弃父母的身份，而是采取辅导的方式从旁加以指点，尽量不要直接地指示和纠正。孩子感受到相当的尊重，就会更加尊重父母，对于父母的辅导也会更加容易接受。有时以说笑、幽默的轻松方式，更为容易化解紧张的场面，若是一味以严厉的态度来对待，很可能引起孩子的反感。这也能有效地缓解孩子在自立和依赖之下的心理矛盾。

人在情绪不稳定的时候很难沟通，而稳定的时候则容易得多。父母千万不要意气用事，以至高无上的权威面孔采取高压手段，否则引起孩子激烈的反抗，闹出令人后悔的事情，实在是不智之举。所以最好的做法是父母扮演好教练的角色，助他一臂之力，使其顺利度过这一段狂风暴雨期。顺利度过暴风雨期的孩子，对父母不再盲目服从，也不一味反抗，而是呈现一种互敬互爱、互相信赖的坦诚关系。孩子会征求父母的意见，但是不一定完全接受。父母的价值观孩子会坚持，不过表现的方式却与父母不一样。而且父母要懂得让孩子自己提出疑惑，不要强行追问和推行自己的想法。孩子自己提问，他就不会有那么大的压力，如果是父母提出来，孩子就会觉得压力巨大。

总之父母要关怀，要沟通，而不是监督跟责问。很多父母使用的是监督指责法，要么是一个细小动作都不放过的严密监督，让孩子浑身不自在；要么就是指责，天天数落孩子这个不对，那个不对，孩子会想，爸爸妈妈事先都不说清楚孰对孰错，做起来却跟法官和牢头一样，处处对我严厉要求和管教。他心里就会产生反感和抗拒。

允许孩子犯错　试错

一直在父母的庇护下成长的孩子，到中学阶段想要摆脱依赖实现自立时，难免会犯一些错，这时候还需要父母的正确引导。那么，父母对孩子犯错的态度，对孩子的行事思维和亲子关系影响很大。如果父母不允许孩子犯任何错误，一旦发生就大喊大叫、严厉斥责，那孩子长大很可能变成一个凡事都畏首畏尾、没有任何冒险进取精神的人。因为他从小接受到的信号是犯了错会产生很严重的后果，索性不做，就不会犯错，也不会受到惩罚。

而且这样的孩子，可能小的时候还有很多话会跟父母讲，但越长大越沉默，最后几乎不跟父母沟通，这也是父母造成的，有时候孩子把他的小秘密告诉父母，但这个小秘密，可能是他做了什么错事，也可能是不敢说出来的事。比如在课堂上顶撞老师，放学后和同学去网吧玩游戏等，这个时候父母如果只会呵斥孩子，那孩子会想：我把这些事诚实地告诉父母，却让他们教训了，那我这么诚实是不是傻瓜。以后他即使犯了错误，也不会再说给父母听。因为他觉得父母不容许他犯任何错误的态度让他压力很大。这样隔绝的亲子关系就是父母一手打造的，到时追悔莫及。

所以我们听到、看到孩子犯错的时候，完全可以让孩子有一个“试错”的过程。“失败乃成功之母”，从多次的失误中，孩子们能从中不断发现自己的不足。这个过程也有助于这个阶段的孩子处理好自立和依赖之下的心理矛盾。但是如果只知道跟他讲什么是正确的，不去体验错误的，那孩子学到的技能和经验就是不全面的。

孩子的人生经验也是如此，一个始终走直路的人，有一天把他投入社会，他可能会十分迷茫，因为他没有见过这样五花八门的情况，他就会一直在自立和依赖父母的矛盾下不知所措，其实随着年龄增长，孩子会积累自己的经验，他会慢慢去摸索，找出一条适合自己成长的路，这条路才是安全的，**一个经过摸索的人，他才知道哪里可以去，哪里不能去，这是最安全的**。

正确引导孩子交朋友

青春期的孩子对友情的需求尤其明显，对于拥有志趣相投的朋友充满了期待。处在这个年龄段的孩子，往往把朋友看得非常重要，日常生活中的各种感想，成长中的各种烦恼，更愿意和自己的朋友互相交流。

交朋友是孩子了解外界、释放内心、逐步成长的重要途径，可是对于青春期孩子的父母来说，孩子交朋友却是一件非常让人牵挂的事情。孩子在和什么样的朋友交往、平时都进行什么样的交流活动，父母该如何了解、指导孩子的交友，这些都是父母应该注意的问题。

用合理的方式了解孩子的交友情况

这个阶段的孩子们思想更为丰富，他们有时异想天开，有时忧心忡忡，有时大悲大喜。这些感情，他们不愿意也不适合与家长分享，因为家长马上会紧张和忧虑，或进行批评教育，更有家长甚至会进行跟踪监视。所以，青春期的孩子经常不愿向父母吐露心声，而最好、最安全的选择就是身边的好朋友。

父母首先要理解孩子交友的心理需求。有时候父母控制欲过强，不允许孩子有亲密朋友，他们的理论是：家里爸爸妈妈这么关心你，还有其他亲戚都很喜欢你，你每天都和这么多人热热闹闹地相处，还有什么不满足，还需要什么朋友？这样的理论就是严重误解了孩子。家庭关系中的亲情、关爱当然重要，但对于人类来说是不够的，我们都需要到外界寻找友情来完善自身。还有一些孩子，深感在原生家庭中所获关爱甚少，那他们就更渴望获得朋友的理解和感情。

而且这样的父母一般还有专制的特点，听不进孩子的解释和诉求，那么孩子就会自己私下和喜欢的朋友交往，想方设法不让父母知道。这就是孩子关上了跟父母沟通的门，父母就处在一个消息闭塞的境地。不要说指导孩子交友，连基本的了解都变得困难。

其实，孩子交友如同大禹治水，父母要记得“堵不如疏”这个道理。一味地限制和管制孩子交朋友往往适得其反，不如适当放手，再巧妙引导，这样才能事半功倍。

父母担心孩子在和什么样的朋友交往时，不能用偷看手机、跟踪或者逼问的方式去了解，青春期孩子十分注重独立空间，这样做容易激起孩子的反叛心理。父母一定要尊重孩子的隐私和自尊。

父母要多观察孩子的情绪变化，是轻松愉快还是乌云密布，孩子藏不住心事，一点点小事也会引起他们的变化。另外可以通过与学校师长保持较为密切的联系，及时掌握孩子在学校的交友动向。父母还要善于让孩子主动沟通、倾诉，不论工作如何忙碌，都要抽出一些时间和孩子天南地北地聊聊，使孩子感到父母十分关心自己，是自己可以信赖的朋友。其实父母也是借此机会多了解孩子的近况，让他们不知不觉地展现朋友的类型和品质。

父母尤其要重视的是，要防止孩子在这个阶段交上坏朋友，如果父母不加注意，放任孩子与一些品行不端的人相处，孩子学坏是很容易的。“冰冻三尺，非一日之寒”，及早发现问题，以便趁早设法化解。不可以任其自由发展，以免酿成大祸。有了这样的基础，父母要放开手脚让孩子走到朋友的圈子里去，在与朋友的交往中丰富自己的思想，是使孩子快速成长的动力。

父母主动创设良好的交友环境

人一出生就是群体中的一员，在群居生活中通过各式各样的活动，逐渐获得个人成长。无论是父母和家人、老师和同学、邻里和朋友，都会对孩子的人格产生十分深刻的影响。

经常有家长向我抱怨，孩子上了初中后，交往的对象都是班中那些捣蛋分子，很担心孩子的“朋友圈”，家长很苦恼：长此以往，孩子会不会学坏呢?

俗话说：“近朱者赤，近墨者黑”。和好的朋友相处益处多多，和不良朋友交往容易走上歪路。正因为这个道理，父母除了密切注意孩子所结交的朋友，多多了解孩子的交友情形以外，更重要的是有效引导孩子的交友之路。

父母给孩子选择住所、学校，都是为孩子提前筛选成长时的交友环境。现代社会的组织结构，本身就是按照一定的规律顺势建立的。比如一个小区里，大家是否都具有爱护公共环境的习惯，就是这个小区的风气和整体素质。又比如一个学校，最看重和成果最好的是道德风尚，就说明这个学校的学生，绝大多数都是品质正直的学生。父母在选择时，就可以为孩子争取这样的环境。

大环境如同流水，能把身在其中的人理顺到同一个方向。父母为孩子挑选优良的环境，里面的极大多数和孩子差不多大，品质都过关，那孩子交往的朋友，父母也就心中有底，无须过多担心。

积极引导好过消极防范

在孩子交友方面，父母不应该消极防范，而要积极引导。父母从旁推荐或介绍品学兼优的朋友，有朋友彼此互相劝勉，发挥益友的功能，当然有助于孩子的正常成长。但父母不能像买件衣服或是买双鞋一样跟孩子说：来，我给你介绍几个朋友。青春期的孩子正处在指东打西的时期，这样强买强卖的方式会招致孩子的反感。他可能会反其道而行之，因为他既不愿意事事听从父母，更想要争取自己选择的权利。

父母要用自然方法给孩子介绍朋友。比如父母一些朋友的孩子，应该跟自己的孩子年龄相仿，那父母就可以让孩子们下课后互相到其中一家一起写作业、玩耍，也可以家庭间约着一起出去玩，或者带着孩子开开聚会等。几个家庭的父母相互认识甚至彼此都很了解，有事情也可以双向联系，孩子在一起交往当然就更加安全，父母会很放心。

父母也要告诉孩子，每个人都需要各式各样的朋友，并不是兴趣完全相同才可以做朋友，有时候也要结交一些个性不一样的小伙伴，这样自身的性格才会全面。像上面说到要和父母朋友家的孩子约在一起写作业、玩耍，可能有的孩子比较内向爱看书，有的孩子调皮玩得一身泥，但他们互相却都很欣赏、喜爱对方，这样也是很好的，只要不是一起做坏事，都可以是好朋友。**个性不同却能使朋友内心安定从容，做任何事情都感觉自在，这就是交朋友的满足感**。交往不同类型的朋友是对人生的极大丰富。

有了对孩子朋友的了解以及自己为孩子创设的良好交友环境，父母可以放开手脚让孩子走到朋友的圈子里去，在与朋友的交往中丰富自己的思想，是孩子快速成长的动力。

“未雨绸缪”好过“亡羊补牢”

事先的防范，永远重于事后的指责，从孩子小一点的时候开始，父母的以身作则和潜移默化，就已经为孩子进入青春期的交友提供了模板和规则，所以身为父母的第一天起，就要经常自省，不断改进自己，为孩子做好榜样。

父母对孩子的交友，可以设定简单而严格的底线，如“五不交”：性格过于暴烈的朋友不交；自私利己的朋友不交；心思阴沉的朋友不交；不能守信的朋友不交……又比如规定休息日和朋友出去玩的范围和时间（不能去危险和不良场所，回家时间不能太晚），其余诸如孩子和朋友聊什么话题、吃什么东西、穿什么衣服这样的琐碎细节就不要过多干涉。父母的指导过犹不及，但也不能对孩子的交友放任自流、不管不问，父母事先规划好教育孩子交友的准则，掌握好指导的尺度。不然等孩子不慎交上不良朋友，脱离父母的约束，养成一些恶习的时候，就很难再把孩子带回正常轨道。

最后，父母要告诉孩子，朋友有亲疏远近，也有聚散离合，交往朋友的时候我们都要真情实意，但如果发生和朋友疏远甚至断交的情况，也是正常的。因为人和环境都在不断变化，要对这样的世事变迁、人心转移有足够的心理准备。

父母不要谈“性”色变

孩子进入青春期以后，在性生理和心理上都会产生一些变化。但他们对自身的这些变化所知甚少。然而，中国的家长们大多采取“防而不是导”“躲而不是教”的态度来处理孩子所遇到的性问题。这样并不利于这个阶段孩子的身体变化和心理健康。因此，我建议父母们应该适时适当地对孩子进行性方面的教育，帮助他们顺利地度过青春期。

异性意识萌动 父母不必“如临大敌”

青春期的孩子精力旺盛，非常容易冲动，而且对异性开始产生兴趣。所以对于他们来说，异性意识也是重要的课题。小学一年级到三年级的孩子，对异性的关心和好感并未形成，反而是一种异类的感觉。四五年级开始，孩子对异性不知不觉地关心起来，对漂亮的女孩或是擅长体育活动的男孩开始产生爱慕的感情，不过目标不固定，而且也不持久。但是进入青春期以后，对自己所关心的和具有好感的对象或多或少有一些固定的感觉，逐渐产生弄清楚对方的心思、吸引对方多关心自己以及常常想和对方接近的念头，好像真的是意中人似的。

这是人类生理发展带动心理变化的一个正常阶段，父母不必过于紧张，只要正视问题、了解问题，就能解决问题。

孩子的性心理发展，不单单是对异性产生兴趣，还有很多种表现形式。比如父母会发现，女儿更加爱美了，平时乱糟糟、汗津津的儿子，现在也知道保持个人清洁了，甚至会照照镜子梳梳头。这些都是青春期性心理产生的外在表现，父母平时要多注意观察孩子，发现这些现象，就应该意识到孩子的性心理在发展，这时不必“如临大敌”，甚至应该感到可喜，因为这是孩子成长的一个标识。

青春期性教育缺失的隐患

青春期是孩子鲜花一般的年纪，但如果在家庭教育中，父母把性教育这一部分忽视了，那青春期到处都将是鲜花覆盖下的陷阱。

很多父母在孩子的青春期性心理和异性交往问题方面，没有认真地加以关心。他们认为这方面的知识将随着孩子成长自然获得，无须家长专门进行教育。这样的想法一方面是基于父母的落后认知，他们认为自己和前人没有受过相关教育，最后也过来了。然后把这些过往的旧经验不加分辨、不论时代地套用在孩子身上，另一方面有些父母觉得跟孩子讲解这些问题是羞耻的事情，所以逃避对孩子的性教育。

父母往往认为，不说，孩子就不会知道。很多父母都有类似的看法，认为如果把相关的性知识都教给了孩子，他们了解得越多，反而越会刺激他们的好奇和欲望。孩子懂得了性方面的知识，会生起歪念头，做坏事，所以什么都不让孩子知道，最为保险。

但是他们忽略了，人类对于性的好奇是随着生理发展而产生的本能，**父母的封锁并不能压制孩子求知的欲望**。父母不教，而孩子也出于怕惹麻烦、免受指责或者难以启齿等原因，不和父母谈论这方面的问题。于是，有些孩子只好通过书本音像、和朋友商量等方式学习了解。可是他们接触的这些资料良莠不齐，很容易带来坏影响。和朋友的讨论也是以道听途说为主，加上以讹传讹，产生很多偏差，也造成很多不幸。这种状况往往导致青少年性犯罪、不健康性行为和诸多社会问题的出现。如果出现这样的情况，先不说父母追悔莫及，受伤害最大的是孩子本身。**其实青春期性教育的最终目的，除了释疑解惑，更重要的是让孩子学会保护自己。**

讲解性知识要选择正确的方式

首先，父母要有正确认知，青春期的性心理是正常的、正当的。如果孩子提出这方面的问题，父母不要大惊失色甚至马上严厉喝止，也不能对孩子这样的表现加以议论和评断。仿佛孩子只要问出这些问题，就是品质出现了问题。父母的态度会给孩子一种误解：性心理是羞耻的，隐晦的，不正当的。心里如果存在着这样的误解，性教育还怎么开展呢？所以父母一定要有中立的、客观的态度，这样才能给孩子传输一种认知：性发育是正当的，自然的，但要用正确的方法对待。

父母要通过大大方方的性教育，让孩子从小就能以坦诚的态度去面对性，这样孩子才能在性心理发育过程中少走弯路。如果父母不主动与孩子沟通，在进入中学阶段以后，孩子就越来越难以向父母敞开心扉提及性方面的事情。

性教育本身是正面手段，但由于性知识的载体种类繁多，每个类型所附着的目的和意义也不同。父母在对孩子进行性教育的时候，切记要把道德观、科学观、文明观也一起正向传输给孩子。如果只讲性知识，却不教孩子关于性的道德规范，那就像给一个无知无畏的人递了一件武器，他用来伤害的可能性大大高于保护。所以父母可以像教孩子学习时一样，给他们一个大纲，明确告诉孩子，哪些可以做，哪些不能做。如果孩子有一些错误的倾向，父母也要及时纠正。尤其是女生的性教育，父母一定要强调自我保护的观念。因为女生如果在青春期遭遇不正当的性行为，所受的伤害以及影响将非常深远。

父母自己要规范言行，端正态度。平日的娱乐、阅读、行为等都要有所取舍，不要接触一些不良事物，也不要言行轻浮，要给孩子树立一个良好的榜样。

有些父母说，和孩子讲相关话题实在难以启齿，但是又深知相关教育的必要性，所以很为难。

我认识一位妈妈，她的做法就很聪明：她没办法和儿子直接交流相关话题，因为双方都性格内向。她就给孩子买了一些知识书籍，让孩子能自己学习相关知识，同时她经常选择合适的时机，给儿子留一张纸条，写上一些指导孩子要遵守的性道德规范和如何自我控制的建议。儿子也可以给妈妈留下纸条，记录和询问自己的疑惑。这样的方式，既避免亲子间的尴尬，也很好地进行了教育，值得学习。

性意识也是性别观。青春期性教育不仅是对生理和心理的教育，也是一种对孩子异性关系处理方式的教育。**重男轻女、男女隔绝，这些糟粕观念都应该被抛弃。**无论男女，都应该自尊自爱，行止有度。如果父母教育儿子说：女生麻烦又多事，你不要跟她们多说话。或者教育女儿说：男生都是臭哄哄的，而且歪脑筋多，你少跟他们玩。这些父母随口说出的固化想法，会使孩子对异性带有偏见，即使只是普通的男女同学，也没办法正常交流。

父母要相信自己给予孩子正确的性教育，能让孩子很好地规范自身，也能有分寸地与异性交往。人类社会本来就是异性共存的社会，孩子如果不能与异性融洽相处，那在社会上会遇到许多阻滞，对于性的态度也会偏激，而能和异性正常交流相处的孩子，反而不太会出现性犯罪等问题。

矫枉过正危害大

尽管青春期性教育十分重要，但教育还是要恰当、适度。

父母对孩子进行性教育时的态度，及使用的语言、文字、选择的材料等，都应该是客观的、理智的。好的性教育是为了使孩子明晰、清醒、沉静，对于青春期的性，他们自己该如何对待，以及知道自己面对人的生理本能时，该抱持怎样的态度。

家庭的性教育，主要是父母选择合适的时机，在日常生活中还要使孩子明白爱情的态度、男女的分工以及爱护生命的观念。父母要以身作则，做孩子的好榜样。同时，对于孩子所提出的问题，父母不必有问必答，反而提供不良的示范。对于此阶段的孩子，不必进行过度教育，告诉他一些性的常识就好。比如对孩子说："性是每个人天生和必然的事情，没有什么神秘，也不必太过好奇。有些事情慢慢随着年龄长大就会懂得，到时候我们再来商量研究，不需要现在就搞得很清楚，一知半解反而没什么不好。"

在家庭中开展青春期性教育，要选择适宜的时段、合适的内容、恰当的方式。父母用一种亲切的方式，告诉孩子一些关系他自身的事情，让孩子感觉到父母的慈爱、家庭的温暖，才是合理、安全、有效的。

第十一章
十八岁以前青年的教养重点

大多数人在一生中都会经历恋爱，但凡事都有其最佳时机。成熟的果实营养又美味，如果在青涩的时候就迫不及待采摘，得到的就是口感差、没营养，甚至伤害健康的“苦果”。

培养孩子的独立精神和自治能力

孩子安全度过人生的“暴风雨期”，进入高中阶段后，虽然还是中学生，却与之前有很大不同。他们的情绪逐渐趋于稳定，心性更加成熟，做事褪去毛躁，变得脚踏实地，这值得全家人高兴。这个阶段父母的教养重点，应该是引导孩子独立思考的态度，培养自律自治的精神，增强孩子适应环境的能力。

培养独立和自治从尊重开始

人都喜欢自主，也都喜欢自动，由自动而自律，然后独立自主，原本是人生必经的历程。孩子成为高中生以后，往往觉得自己好像无所不知、无一不懂。因此，父母可以配合他们，逐步减少限制和管理。但是不管理不表示不关心，而是慢慢地培养孩子的自立能力和精神。要尊重孩子独立生活的意愿，孩子如果想做什么事情，只要是正当的合理的，不涉及原则性的问题，父母完全可以表示支持，由孩子按照自己的想法去做，给他充分的自由。这样孩子会感觉到被尊重，和父母的沟通也会更理智。我要提醒各位父母，对高中生孩子的教育，不能再把他们当小孩一样：令行禁止、大声呵斥。这些会让孩子倍感难堪、屈辱，甚至可能会造成孩子想远离父母、远离家庭，因为他们觉得这个环境和父母都对他很不友善、不尊重，父母也不关心、不了解他当下的心理发展需求。所以，父母要用接近大人的态度来对待升入高中的孩子，从自己和孩子两方面都找找原因，指出孩子的错误前，先自省一下，让孩子感觉父母是诚恳和公平的，他们自然也会心平气和很多。

同时，父母的尊重还应体现在“适可而止”。高中生容易对父母整日喋喋不休的教导产生反感，孩子疲于应付，也自然就失去独立判断的能力，久而久之，孩子要么是左耳进右耳出，要么就是反向而行，和父母对着干，还有的孩子唯唯诺诺，凡事缩手缩脚，还谈什么独立。

我曾听到过一个孩子对自己的妈妈说：“您每天从早到晚都在我耳边不停地指出我哪里错了，我都不知道自己该做什么了，您不能让我自己看着办嘛。”于是，妈妈接受了这样的意见，调整做法，孩子果然比以前更能处理好自己的事情。父母一次看准时机给孩子加以提点，比无休止地、随时随地发起教训孩子的攻势，更能使孩子独立。

父母要学会放手

父母努力为孩子创造更好的生活条件，给孩子铺设人生进阶的康庄大道，本来无可厚非，但世事被各种条件影响制约，父母不可能把孩子所有的人生都规划得一步不差。如果孩子遇到意料之外的情况时，身边又没有父母的陪伴和指导，他能否圆满处理，就取决于父母是否有意识为他培养了独立的能力。**所以，给孩子留再多的金银财宝，不如给他一份不会被外界剥夺的、有用的且只属于自己的品质，就是独立的人格和自治的精神。**

这就像父母带孩子去郊外放风筝，孩子刚开始放不上去，需要家长的帮助，这时若得不到帮助，就会灰心丧气，说不定从此不再尝试，对放风筝完全失去兴趣。父母最有兴趣的事情，莫过于当孩子放不上去的时候，把风筝拿过来，很快就放上天空。如果这时还紧拉着风筝，不但孩子很失望，认为是家长想玩而不是为了帮助他，而且旁边的人看来也觉得奇怪：这么大的人还跟孩子抢，难道童年的时候没有玩够？所以最好的办法，便是大人把风筝放上天空以后，立即交到孩子手中，并告诉他如何控制线的张力，如何将风筝放得更高，这样才会皆大欢喜。**独立的人格以及自治的精神，是伴随一个人终生的财富**。孩子迟早要自食其力，要自己去做事情，父母不能陪伴一辈子。孩子想按自己的意思去做自己的事情，父母不但不应该加以阻挠，反而应该多加鼓励。只要这些事情不妨害身心健康与课程学业，而且在孩子的能力范围之内，都应该放手让孩子自立，让孩子从实际经验中吸取宝贵的教训，进而陶冶其自主的意志和自治的精神。

人都喜欢自主，也都喜欢自动，由自动而自律，然后独立自主，原本是人生必经的历程。现在的问题是，当孩子自动的时候，很多父母便加以制止，弄得孩子不敢自动，父母又反过来骂他不自动。父母的想法是孩子一自动就天下大乱，所以不得不斥责、禁止。殊不知孩子因而恐惧自动，对身心发展产生障碍。最好的办法，还是比照上述放风筝的例子，辅助孩子自动，帮助其自律，以促进其自治。有一天自动自发，而且表现合理，那才是长大成人的喜悦！

既要鼓励孩子自发求知　也要有所约束

孩子处在这个年龄段，性格中往往表现出叛逆、敏感、自尊等特点，因此父母想要了解孩子的学业状况，一定要尽量减少直接和老师联系，以免引起孩子的反感。我建议，家中最好每月举行家庭会议，讨论与孩子切身相关的事宜。孩子可以自由发表意见，报告在校的状况、学习中的困惑、师生之间的趣闻等，也可以规划郊游、参观等活动，以及零用钱的使用……如果有争议，父母也不必生气，最好另择机会，耐着性子向孩子解释，不能当场发火大声斥责，以免影响以后会议的效果。

那么，在学业方面，父母不仅要掌握孩子的思想动向、学习状况，更要鼓励孩子自发地求取知识。在孩子求取知识的路上，父母还需有所约束。

孩子所看的课外读物，父母最好多加了解。当下主流的教育观念提倡培养孩子的阅读习惯，和父母一代小时候严格控制课外读物的教育方式大相径庭。但现代许多作品对孩子的身心有害无益，甚至有些作品所描写的个别情况简直匪夷所思，很容易造成孩子的偏激或颓废。所以鼓励阅读，当然重心是让孩子自主选择读物和独立进行阅读，但这不是说让孩子随便什么书都看，父母仍然要承担为孩子把好关、挑好书的职责。父母可以通过多方考量，为孩子选择合适的、健康向上的阅读材料；对孩子自行选择的书，父母也要随时了解，如果发现不妥必须和孩子讨论，使其透彻了解，不致盲目相信。

如今网络信息发达，电子产品普及，父母要掌握好孩子接触和使用多媒体技术的范围和尺度。如果完全隔绝孩子与网络，那既不现实也并不明智，孩子会脱节于这个社会，在信息时代掉队。但孩子虽然已经接近成年，自我控制能力却尚未完善，很容易被网络中五花八门的咨询和内容诱导，沉溺其中，甚至养成不良习惯和思维等。父母最好能够趁早提醒孩子：计算机是工具，而不是玩具，千万不可人为物役。父母可以和孩子一起制订计划，对孩子的手机、电脑实行部分管控，将家里的网络加以设置，协助孩子对上网时间和范围进行控制。

之前有过这样的新闻，一个得国际奥赛金牌的孩子，保送大学后，沉迷网络游戏，导致无法完成学业，最终退学重读。这样的学生，原本是前途无量的好苗子，能得到国际大赛的金奖也说明他在学习能力上是没有问题的，但中途出现这样令人惋惜的情况，其实也是他的自主求知方式和尺度在高中时没有得到父母的有效培养，到了真正完全独立的时候，这个隐藏的问题就暴露出来。

父母的做法，最终目的不是要监控孩子，而是让孩子在这个过程中既能保持求知欲，也能明白凡事都有界限和条件。积极进取，自发求知是人生不断进步的必要条件，但也应该学会自我约束，有所为有所不为。

永远不要放弃对孩子的期望

人的成长都是在不断摸索中进行，没有人可以一直按照既定的轨道前行。孩子是一个独立的个体，是一个有自主意识的人，同时又是不成熟的、不断在成长的人，所以，在孩子的成长过程中，总会出现没有按照父母预想目标发展的情况。在这种时候，请问各位父母，你们会怎么做？我知道有一些父母反应是很大的，有的父母会对孩子挥挥手说：算了算了，你也长大了，随你去吧，我们不管你了。

我要说的是，父母这样做实在太可惜了，世界上没有不犯错误、不走弯路的人，更何况还是在成长过程中的孩子。所谓独立精神和自主意识，是孩子在不断犯错的过程中，总结和培养出的判断分析能力和承受力，如果什么错都不犯，遇到类似的情况，他也不知道怎么预防和应对，也就谈不上真正的成长了。

像上面提到的奥赛冠军，他重读后再次进入大学就读，后来成为培养奥赛选手的老师，把自己的知识和经验用来帮助其他人，这说明他自主调整到了正确的人生轨迹。而今天的一切，如果不经历之前的曲折，可能他还是在一种懵懂的状态，而不会变成现在这样成熟的人。

父母要记得，自己和孩子的关系是无法割裂的，孩子犯错时，父母要给予多一点耐心，目光要长远，作为高中生犯这样或是那样的小错误，甚至有的弯路走得比较远，都不要紧。年轻时犯错，比到晚年犯错，代价相对来讲还是小一点。**父母的耐心，是孩子在独立之路上的信心之源，也是能传导给孩子的宝贵财富。**

上大学并非唯一选择

中华民族的传统观念，几千年都不变的是普遍重视读书，“万般皆下品，惟有读书高”。士农工商的顺序换来换去，也只有“士”始终最受尊重和推崇。但考学的风气，在当下已经达到了一个前所未有的白热化程度。

现在如果问到要不要考大学？去问十对父母，十对父母都会统一回答：要！好像考大学变成了“金科玉律”，不考大学，孩子这一生就没办法好好过了。这就是大环境给人塑造了这样的价值观，使所有人都认为大学是人生唯一的追求和意义，如果考不上，是非常丢人和失败、没有前途的，所以全社会都一窝蜂地去抢大学的名额。这样做给孩子留下的后遗症是：以升学为唯一目的，其他一切事情都放弃了，硬生生地把自己的人生路修成了窄路。

以前的高中生，毕业以后，即使不上大学，也可以正常地成家立业，但当下的高中生，却没有这样的能力。这是因为以前的高中生，是教学领导考试，先学习如何为人处世，做好人格的陶冶，掌握基本常识，然后根据自己想要的人生方向做出选择，要继续读书就埋头学习，如果对读书不那么感兴趣，也可以学习技能，做好就业的准备。这样的模式，培养出来的高中毕业生，是比较完整的人。而现在，与以前相反，是考试领导教学，一切的高中教育和学习，都是为了考大学这一件事服务。其他一切，都不去想也不去管，只学习考试大纲的内容，不考的就完全抛弃。这样的结果是高中毕业如果没有考上大学，孩子没有一技之长，而且独立生活能力也较弱，最后多数就是无路可走，只能在家啃老。

可是，父母真的要好好想一下这个问题：难道人人都必须考大学吗？这个问题对中国人来说，其实相当简单。有兴趣、有能力考上好大学，想尽办法也要去读；考不上、不想考，实在不必补习再补习，死命往大学里面挤。

实现人生意义的途径多种多样

那么，读大学到底是孩子自己的愿望，还是父母的面子及心愿呢？我个人在大学教书的时间相当长，常对学生说：能读书的人，轻轻松松就读得很好；若一定要读得那么辛苦，干脆放弃算了。许多硕士、博士，是一路硬逼出来的，并没有什么大的成就。所以孩子进入高中后，关于到底要不要读大学，首要的还是应该征询孩子自己的意见。

现在教育普及，又提倡终身学习，求学的方式也发生了很大的变化，求学的机会比以前多得多，高考的年龄限制也一再放宽。父母不必强制要求孩子高中毕业立即要考入大学，若是有困难，或者出于其他理由，以后上大学的机会也多得是，并不是错过这一次便永远进不了大学的门。父母最应该关心的是孩子的兴趣和志向，千万不要把自己的兴趣和志向勉强让孩子接受，尤其是不要让子女替你去实现未圆的大学梦，而应该尊重孩子的选择，让孩子走出自己想走的前途。我们看过很多案例，有些父母一定要孩子照着自己的路去走，结果有很多都是失败的。父母要多和孩子交流，看看孩子自己的想法，并加以引导，而不是强制要求必须考大学，最好不要给孩子灌输只有上大学才是唯一的出路。父母和孩子都要转换好心态，至于进不进大学？读什么科系？要不要先工作一段时间，然后再进大学？条条大路通罗马，不一定非怎样不可。

不上大学的孩子可以做什么

有的父母认为孩子上不了大学，人生就完了，这个想法其实非常狭隘。即使不考大学，孩子到高中也已经读了十几年书，这个时候让他们抬起头看一下想做什么，有的孩子选择就业，有的选择走艺术道路，还有的头脑灵活想创业，这些都是正当的。**不过选择容易，难的是如何实现**。父母对孩子的这些想法，无一例外都是要鼓励他们。要告诉孩子，人迟早要自食其力，这是人生必经之路。父母总有离开你的时候，唯有自食其力，才能有稳固的经济，有成就感和安全感。

另外，父母还要告诉孩子：无论是就业、学习艺术，还是创业，都不能怕吃苦。苦其心志，劳其体肤，才能担当重任，受人欢迎，才会有收获。这就要求父母帮助孩子做好各方面的准备，让他就业就是一个好员工，创业就是一个好的决策者和运营者，艺术工作者也能勤奋创作。

选择考大学亦需理智对待

我们现在讨论大学不是唯一的选择，但必须肯定的是考大学本身不是一个坏事。有的孩子坚持要走升学之路，作为父母，也应该尊重和鼓励，不要给孩子泼冷水。父母可以和孩子做出任何一个选择时一样，与孩子详细地分析、探讨如何走这条路。首先就是要了解孩子读大学的愿景是否明确，如果连最基本的问题都没考虑过，那读大学也是浪费时间。父母要激发孩子自己去思考、判断、选择，让他们明晰自己要走的路。但短时期内，他们若是改变自己的目标、想法，父母都要理解，不要急躁，决定不会一蹴而就，中间总要经历很多曲折。

等到与孩子讨论想要读什么系，学习哪个方向这些具体的事项时，父母不要替孩子指定。因为一旦指定，孩子的意识就会产生变化，认为自己是为父母而读书。为了他人读书，孩子的动力会受到影响，就是会不起劲、不主动、缺乏兴趣。孩子的心里会想：这是爸爸妈妈要我来读书的，那你们出钱，读好读坏我不管，我也不负责，读这个书是不是有前途我不知道，也跟我无关。这样的思维之下，孩子把读大学当成了任务，效果可想而知。

就算孩子相信父母的选择，并在父母的指定下能认真勤奋地学习，但父母的选择不能保证正确。父母为孩子选择，考虑得更多的，是学校或者专业的知名度、就业率等，却最易忽视孩子的兴趣和特长。甚至没有考虑到也许这几年热门的专业，等孩子毕业时已经冷却，而让孩子自己选择感兴趣的专业，也可能会有意想不到的前景。这里我要说的，不是让孩子碰运气，而是让他们自己做出判断和选择，然后为自己所做的决定努力和负责。即使这个选择不够理想，但也能锻炼孩子的其他能力。

只是当孩子的选择明显孩子气时，父母要与之沟通或进行引导。比如有些孩子，填报大学时专门挑离家特别远的，仅仅为了远离父母，追求无人管束的生活，这样盲目的动机和选择，就是不理智的，这时就需要父母用机智的方式加以调整，不要直截了当地教训他们。此时比较好的方法有提问法，就是问问孩子，他对于想远离的这个环境，有什么地方希望它改进的，爸爸妈妈可以配合他调整，那他对这个地方就不存在不满，也无须为此离家千里去求学。

读不读大学，只要是孩子心中有明确的方向，都是好的选择，人生迷茫混乱，才是最大的问题。

慎重考虑孩子留学问题

现在还有很多父母，孩子高中一毕业，便费尽心思也要把孩子送到国外去求学。我一直认为，高中毕业就出国留学，对自己国家的历史文化尚未有比较深入的了解，就到国外接受异文化的洗礼，很容易被同化，结果将来回国后样样不能适应，等于出去一个便丢掉一个。

而且高中生价值观尚未稳定，独自远离熟悉的环境外出求学，很容易受到不良影响，在人生观定型的重要时期，偏离正确的轨道。自制力的不完善，也对他们能否圆满完成自身的学业任务造成很大挑战。

我建议先让孩子在国内完成大学教育，对自己的文化有深入的认识。等孩子年纪较大，情绪也较为成熟后，再尊重孩子的意愿，决定要不要赴国外留学。有了比较完整的人生规划，再来考虑出国留学的事宜。

进入高中，孩子就年满18岁，最应该做好的是自立谋生、自食其力的准备，在这样的心理建设之下，孩子的人生可以称之为海阔天空。他如果考得上大学，就能高高兴兴去读书，考不上也不会自卑，他可以去工作、创业。无论哪种选择，都能感受、享有乐趣。活得不偏激、不狭隘，是平和美满的人生。

妥善应对孩子的早恋问题

有一位爸爸，说自己正在念高二的儿子宣布要谈恋爱了。这位爸爸非常吃惊，他觉得一向乖巧听话，学习还不错的儿子，怎么可能谈恋爱？他急得不得了又不敢发作，问我怎么办？

爱情本是一件美好的事情。进入青春期的孩子，由于生理发育的原因会对异性充满好奇和好感。但这个阶段孩子的心理尚不够成熟，父母难免会感到焦虑。

在我看来，高中阶段的孩子，借着男女同学的正常交往来彼此了解异性是可以的，但并不需要进一步往来，尤其不应该恋爱，以免耽误学业，影响以后的发展。

当父母发现孩子早恋时，也不必太过慌张，这是青春期发育的正常情愫，只要处理妥当就没事。

让孩子认识到早恋的危害

大多数人在一生中都会经历恋爱，但凡事都有其最佳时机。成熟的果实营养又美味，如果在青涩的时候就迫不及待采摘，得到的就是口感差、没营养，甚至伤害健康的“苦果”。**孩子过早恋爱，品尝到的也不是爱情的喜悦，更多的可能是悔恨和遗憾。**

早恋可能影响正常学业。高中生站在人生关键的路口，最重要的任务，是考大学，或是为就业打基础。这样的时候，时间精力本就紧张，如果将有限的时间都投入早恋中，必然对其他事造成影响。早恋占用的时间精力，就是剥夺为了正业的努力，短时间内影响学习是肯定的，而如果不及时停止，整个前途都可能受到巨大影响。

有些学生在不稳定的早恋状态中，还可能出现心理问题，一蹶不振，或者做出极端的行为，那一生的前景都将因此黯淡。

不成熟的恋爱，可能会使孩子的价值观偏离正道。原本应该树立积极进取、踏实努力价值观的高中生，因为在乎异性的眼光，开始追求物质奢侈、外表形象，还有的男生更是盲目地以为要显示英雄气概。这导致孩子会形成虚荣、冲动等不良的价值观和行为模式。动不动就买名牌，一言不合就大打出手，只因为不想在异性面前示弱。这样的行为既幼稚，又后患无穷。

不恰当的恋爱尝试会对孩子的身心会造成伤害。高中生身体仍在发育成熟中，此时如果经由早恋发展出一些不恰当的身体接触，有可能会影响他们的健康。这其中，尤其要预防出现未婚怀孕少女。

高中生未婚怀孕，会带来很多的麻烦。首先，由于怀孕的关系，很可能胎儿父母会被迫早婚。试想，两个自己还是孩子的人，在一个意外的情况下，毫无准备地缔结婚姻关系，而且一结婚还要马上面对孩子出生的问题，这不仅谈不上幸福，反而是一连串问题的开端。据统计，这种结合引起的离婚居所有离婚原因的第一位。其次，怀孕少女和年纪稍大的孕妇相比，比较容易患血毒症、贫血症，也更容易出现早产、高血压和体重过重的现象，从而造成保健上的问题。最后，怀孕是中学女生辍学的最大原因，年纪轻轻就失学，断送一生的幸福，种下来日无业、失业的恶因。

了解孩子是处理早恋问题的第一步

孩子陷入早恋，除了由于自身生理和心理的发育之外，还有一些其他的原因。

有的孩子觉得学业压力大，用早恋的形式暂时逃避这样的压力；也有孩子认为自己的思想、困惑，只有特定的异性朋友能理解，与父母和普通朋友难以沟通；还有一些孩子出于虚荣，认为早恋能显示自己成熟和有魅力；另外，有些孩子感觉生活空虚，既不想学习，也不想努力，认为恋爱不费力气，还能填充生活；当然也有缺乏主见，跟风恋爱的孩子。

不要小看了解和掌握信息这一步，这对于解决早恋问题至关重要。如果连孩子追求早恋的原因都不知道，那还能用什么有效的方法去把孩子拉回正轨呢？我们常说：知己知彼，百战不殆。对于孩子早恋的问题，也要先把脉，再对症下药。

这时，父母们肯定会提出疑问：要怎么才能了解到这些信息呢？那就还是要把握时机和孩子谈心。这里要注意的是：谈心不要过于正式地展开。孩子是很警惕的，他们一看父母正襟危坐，一脸严肃的架势，早就在心里拉起了警戒线，先为一百种可能性打好了腹稿，准备了标准回答，父母什么都问不出来。我建议，父母可以带孩子出去吃吃饭，散散步，在轻松随意的氛围中，和孩子聊一些朋友的话题，自然过渡到早恋的事情，孩子不经意间也会向父母透露一些信息。如果孩子真的在谈恋爱，父母也能多少掌握原因和想法。但父母也不能太过频繁地进行这种谈心，那会让孩子感觉是唠叨或窥探隐私。大多数高中生孩子，对此非常敏感，父母要注意方式。

温和沟通比强硬手段有效

关于如何对待高中阶段孩子的早恋问题，父母们通常会持有各种不同的意见。有的父母说，都是小孩子闹着玩，干净利落地让他们一刀两断就好了，不行就打一顿，在家关两天。这就是简单粗暴、效率低下的方式。孩子都是独立的个体，父母试图靠打骂和关禁闭的方式来扭转、限制他们，是不可能有成效的。而且父母能关他们一时，也不能关他们一世。迟早还是要让他们回到学校去上学，那被隔离的早恋双方，可能马上又恢复了来往，甚至变本加厉。而父母是没办法全天看着孩子的。所以禁止是最糟糕的方法，与其如此，不如把早恋双方喊到一起，坐下来开诚布公地分析一下，给他们讲讲早恋的危害，点一点当下他们高中生的重心所在是学业。这样的效果，要比硬压下去引起反弹好得多。

父母还可以和孩子协商并制定与异性交往的一些规则。如，不能影响学习，不能接受对方贵重的礼物等，和孩子一起寻找学习和恋爱的平衡点。

发现孩子早恋，父母心中必定是焦急的，都希望尽快将这个问题处理掉。但父母还是要让孩子知道，并说明：早恋虽有害，但爸爸妈妈相信你知道什么对自己才是最重要的，也信任你可以自己解决这个问题。孩子在父母的信任下，会产生大人般的思考，对父母也是感动而非抱怨。

高中生孩子的早恋，本就处于相当不稳定的状态，孩子们的耐心有限，可能对一个人热切喜爱，过几天却很快看到了对方的缺点，然后这样的喜爱就消失了。所以父母不要担心过度，学着信任和适当放手，也许会有意想不到的发展和结果。

父母还要真诚地告诉孩子，在这个年龄喜欢一个人很正常，不要严厉指责孩子早恋是如何不对。尽量和孩子建立一种信任感，让他有事不去回避你，把你当朋友一样愿意和你分享。

高中生即使不住校，每天在学校的时间也占一大半。父母下班后，到就寝前，与孩子相处的时间毕竟还是相对短暂的，还要给他留出自己学习的时间，对孩子是否早恋、早恋程度的了解和掌握是很有限的。因此，父母要和长时间与孩子共处的老师保持密切联系，能获知很多关于孩子的信息内容。比如最近自己的孩子与班级、学校哪些人来往密切，是否与异性有超出范围的接触和相处等。劝止孩子早恋，老师的话有时比家长更有说服力。

绝不允许过分的身体接触

如果说精神恋爱占用了孩子的时间精力，影响了学业成绩，有可能造成影响孩子前途的结果。那么，过分的、不恰当的身体接触，可能会带来更为严重和深远的危害。父母不是到高中再去教孩子要怎样对待异性，这方面的铺垫是从小开始的，只是孩子进入高中以后，这个课题更具现实意义。父母也要借此机会，对孩子进行较为严格的性教育。

父母首先要制定明确的准则，即孩子与异性相处时，身体接触限于哪一部分。再次可以举出若干实例，让孩子知晓逾越身体接触界限的早恋学生，所面临的困境，以此预先防止孩子有过分的身体接触。高中生特别是女儿，做母亲的应该教她懂得恋爱的真正意义，不断提醒她，天生的生理构造决定如果发生关系，必定是女生所受的伤害更大，如果作为高中生怀孕，更是无可弥补的事故，让她们明白这种行为的严重性，以便时时谨记。

总之，家长要多站在孩子的角度去理解他、认同他，疏导和预防总是能比阻止带来的效果更好。

第十二章
大学生子女的教育挑战

父母要启发孩子多去想想自己应该做什么，鼓励他树立未来的远大目标。让孩子明白，人这一生，做什么样的事情可以利于社会，利于他人，实现自己的价值，才是我们来世上一次，最应该追求的东西。

鼓励提示　帮助孩子逐渐实现独立

孩子已经顺利进入大学，父母不需要像以前那样操心孩子是否能考上大学。孩子也可以自由自在地学习，过愉快的大学生活。这时，父母终于可以喘一口气了。进入大学校门，孩子们也进入了成年期。这是否就意味着，他们可以自己做主去做任何自己想做的事情了？家长是否应该在此时就退居幕后，静观其成长？

巧妙设答　试探孩子对未来的期望

大学是人生最美好的阶段，但与此同时，孩子也面临着各种诱惑和选择。对于大学阶段的孩子来说，他们的想法虽然日趋成熟，但是他们毕竟没有真正经历过复杂的社会，所以在复杂的诱惑和选择面前，还需要家长的提示、指导与帮助。

这时候我建议，找一个合适的机会，在和谐的气氛中，试探一下孩子对未来的期望究竟是什么？大学毕业以后打算做什么？所谓和谐的气氛，其实就是不把家长的思想及意愿强加于孩子。友好的、试探性的问答，就是要尽量充分地尊重孩子的想法。家长需要知道，孩子想被充分尊重，尤其是大学阶段的孩子想多经历，父母应该给孩子多提供一些成长的空间和历练的机会，而不是帮孩子决定及应对一切，也不是划好一条道路要求孩子准确无误地去走。

其实孩子过了高中阶段之后，父母就不必太过于拘束。事实上给予孩子太多的限制，也没有太大的好处。所以我们要学会逐渐放手，让孩子自己去思考、分辨、经历和总结。关于对未来生活、职业、期望等方面的规划，大学阶段的孩子只需要家长提供一些建设性的意见及建议即可。

作为父母所要做的最多的就是提示，不能够直接管束或责骂。这时的孩子虽看起来像成年人，父母却不应该以成年人的观念来看待他们，许多地方要设身处地为孩子想一想，以免伤害亲子关系。

爱需放手　提示孩子要有智慧

孩子在大学阶段，父母应该如何与孩子进行有效沟通？当孩子遇到难以决断的事情时，家长应该提供什么样的帮助与指导？

大学阶段的父母最好明白提示：从现在开始，父母没有办法天天看到你们，也不能够随时提醒你们应该注意哪些事情。作为孩子，必须做出阶段性的调整，遇到重大或者难解决的事情主动向父母提出，父母能够适时给予协助。不必担心会给父母增加麻烦，也不应该为了避免挨骂而有所隐瞒，以免不小心招惹大祸。

有一位母亲，她的女儿在读大学。这个孩子并不十分优秀，长相平平，学习中等，也没有别的出色的才艺。没有人对她的女儿寄予厚望。但是母亲从孩子高中起就和孩子聊天，把自己在外企工作的故事分享给女儿。有时候会和女儿探讨“如果你是某人，你将如何处理这件事情”一类的话题。

所有的事情，母亲站立的角度只是圈外人。只在女儿来向自己咨询某事怎么做的时候，讲一两个故事给她听，并分析如果这样做，结果是什么；如果那样做，结果又是什么。两者相权，最后告诉女儿，如果我是你，我可能会这样做而不是那样做。结果她的女儿不但明理，而且得到了迅速成长。她的女儿现在做什么事情，都越来越有理、有据、有节，并且有自己的想法，不易被骗，非常独立。

朋友向这位妈妈请教成功的育儿经时，这位妈妈说“我相信，我女儿具有处理好这些小事的能力。我只有这样影响她和锻炼她，才能让她的能力火速提升，以后她才越来越能处理大事。如果我像以前一样束缚她，事事划好圈儿等女儿来按我的想法做，然后电话追踪验收成果的话，女儿以后不会有什么能力。因为现在事事都要依靠我，她习惯了，我大事小事都亲自帮她做，最后她什么能力都没有，她一出门，我需要时时担心。”

所以说，孩子很多能力都是父母精心培养出来的，这方面，孩子再娇贵，也不能不给她机会。**家长帮孩子做一切，其实是害了孩子**。这样做，家长累孩子也自卑，毕竟家长不可能天天跟孩子捆在一起。

父母从孩子幼小的时候有没有在“你心中有我，我心中有你”上下功夫，这时候应该是最佳的检验时刻。父母实在不必为孩子心中没有父母或者分量不重而伤心愤怒，反而应该更加用心调整自己的态度，不正面提出问题，而用试探的方式从孩子的响应中寻找真实的症结所在。

正确引导孩子解决具体问题

孩子进入大学以后，父母可以视家庭经济的状况，和他们商量要不要利用课余时间打工以赚取生活费用。大学打工一事，仁者见仁，智者见智。如果有空，孩子也可以去打一些力所能及的工，以锻炼自己与人接触的能力。当然，如果家庭环境还可以，经济不困难，没有空而硬要耽误学习，为的是挤时间出来挣零花钱，买点奢侈品，则完全没有必要了。

另外，大学生通常都会参加一些课外活动。父母可以鼓励孩子谈谈这方面的情况，若是孩子所说的仅是演唱会、舞会、同乐会等活动，父母要心中有数，这些娱乐性的课外活动，充其量只能放松心情，对文化责任和社会责任的培养并无太多益处，父母必须在社会化方面多加关心。这时，父母就要能适时引导孩子，不要把宝贵的时光浪费在意义不大的事情上。如果有时间，宜多献爱心在有意义的公益事业上。比如，多关注留守儿童，多去养老院，做一些关爱老人和儿童的事情。或者父母可以建议孩子去参加一些书友会、阅读会等，增长见识的同时还能结识志同道合的伙伴。

不把自己的意志强加于孩子

关于读什么专业，父母不必勉强孩子投入容易赚钱的科系。**赚钱，不是人生的唯一目标，我们人生的目标是助人利他**。只有这样，才能收获真正的幸福和快乐。也只有这样，才能真正实现自身的价值。

父母要尊重孩子的选择，并适时地提示他，当今社会，只要有兴趣，肯努力，真用心，无论攻读什么样的科系，都会有出色的表现。父母不必由于自己想做而未做的遗憾，就勉强孩子选择自己当年想读而未读的科系。比如有的家长，认为自己年轻的时候没当上医生，一辈子耿耿于怀，经常在孩子耳边絮叨，还强迫并不喜欢医学的孩子去报考医科。但是他们忽略了一点，就是当今的年轻一代，越来越有自己的想法，越来越不关注别人的理想。或者说，父母没想明白个体之间是有差异的。孩子不是父母的“印刷品”和“替代品”，没有必要按照父母的理想活着，去读自己不感兴趣也不擅长的学科。此外，父母也不能因为自己对某些行业存有成见或偏见，便禁止孩子从事这些行业。当然，从事正当行业，不分阶层，都宜鼓励。

总之，大学阶段，虽然孩子看起来像大人，但其实他们心智还不是十分成熟，所以父母应当友好地帮助，多鼓励，善于进行恰到好处的提醒，同时也要方法正确，才是上策。

谨慎提醒　帮助孩子应对异性问题

对于大多数家长而言，孩子进入了大学，似乎就像进入了保险箱。家长们盼着孩子经过三年或四年的学习，通过各科考试，顺利拿到毕业证。认为只要拿到这一纸文凭，就万事大吉。

那么，把孩子送进大学校门的时候，父母难道不应该提醒孩子谈恋爱的注意事项吗？或者，在孩子拿到录取通知书的时候，能够简单地谈谈关于爱情的看法和建议，这些难道不需要吗？

一方面因为大学生住校，家长没机会每天耳提面命；另一方面，家长觉得孩子大了，有自己的判断标准和交友原则。于是，大多数父母在孩子大学期间与异性的交往问题上，持顺其自然的态度。

对于大学生孩子与异性的交往，父母就真的可以放任不管了吗？

有些父母由于把孩子的时间规划得很紧，希望他们一环扣一环按部就班，所以在孩子进入大学的时候就告诉他，大一大二的时候多交际，广撒网；大三大四的时候收网，一边找工作，一边谈恋爱；最后毕业的时候，带回来一个准儿媳或准女婿就好。

不过，还有一些家长认为，孩子大学毕业后应该有更高的追求及更好的发展，所以不鼓励大学生孩子在恋爱上一锤定音。而是鼓励孩子要继续考研、考博。于是孩子拼命读书，为了拿到硕士学位、博士学位，没时间去交异性朋友。而等到自己博士毕业，发现自己不知道怎么与异性相处，更不知道如何让心仪的他（她）爱上自己。此时才开始慨叹自己浪费了大学时光，心里也暗暗埋怨父母逼自己太紧。

关于与异性交往这件事情，以上这些父母所持的观点、态度和对孩子的教育是否正确可行呢?

提醒孩子与异性交往要“慎始”

其实，在交友方面，尽管大学时代的异性朋友维持长久的并不多见，但是我建议父母的态度最好是既不赞成也不反对。

父母一定要使孩子明白：恋爱没有条件，婚姻却是有条件的。一个人缺乏成家立业的能力，为什么还要这么早结婚？徒然增加自己的苦恼，也连累到整个家庭和社会。既然没有结婚的条件，为什么要这么早就谈恋爱？一旦恋爱成熟，非结婚不可，岂不是破坏了自己的人生规划，有什么好处？弄得学业不成，各种准备工作都来不及完成，是不是和自己过不去呢?

父母要提醒孩子对异性朋友能够慎始才有可能善终，把婚姻大事，当成一家人的事情。在这种心理准备下，亲子关系当然十分和谐而放心。

所谓“慎始”，就是要有一个谨慎的开始。有些孩子把恋爱和婚姻都当儿戏，总觉得此时两情相悦就好，不必负什么责任。所以，上了大学后就随随便便地找一个人先谈谈，谈不成就换，认为多换几个，自己就有了所谓的“恋爱经验”。其实，无论对于男生还是女生，这种对待恋爱、婚姻的态度都是不可取的。

所以，父母还郑重地告诉孩子，正式恋爱开始之前，自己一定要先想清楚了，对方是不是想珍爱一辈子的人，能不能一直携手走下去。让孩子多问自己几个为什么，或许在交友上能更理智一些。

提醒孩子要知礼自爱

父母还要时刻提醒孩子，在谈恋爱的时候要做到知礼自爱，就是要尊重对方，把婚姻当回事。男生不要抱着玩弄异性的想法，女生也不要不重视自己的贞洁。

知礼自爱也体现了家庭的教养。一个人懂不懂得自爱，懂不懂得尊重对方，与他的原生家庭教育分不开。

那么，怎样的态度才符合中国人的道德标准呢？

现代年轻人的观点是，应该向西方学习，在恋爱婚姻上主张开放，自己怎么高兴怎么来，换恋爱对象、同居对象就像换衣服一样。说实话，这是损人不利己的行为，更是社会不安定的根源。

网上经常曝光一些令人忧心的社会现象。比如在马路上、地铁里等公共场所，随处可见很多年轻大学生接吻等行为。这些孩子的行为也从某个角度体现了家教的疏漏。

当今很多大学生发生一夜情，校园里面女大学生怀孕堕胎的新闻也屡见不鲜。这些让人痛心的事情，一再提醒我们做父母的，一定要提醒孩子严肃对待“性”的问题。

比如，女孩上大学后，尤其是母亲要提醒她，在异性面前，哪些事情是可以做的，哪些事情是绝对不能做的，底线在哪里，尺度如何把握。同时，母亲还要教育女儿，珍视自己的贞洁，不要在婚前随随便便地同居，不要轻易地同意异性无礼的要求。一旦女孩不注重保护自己，就会给自己的人生带来很多痛苦，那种影响是很长远的。

再说男孩子，父母要教育男孩知礼，在谈恋爱的时候，要足够尊重和爱护自己的女朋友。这个年龄段的男孩子，正处于身体发育旺盛的阶段，对于异性充满了好奇和渴望，如果不加约束，很容易做出出格的事情，给双方带来不好的影响。因此，父母要教育男孩子，如果真的爱护、珍惜一个女生，就要为了她的幸福着想，两个人要长时期相处、尽量多了解彼此，想清楚这个人是不是我要共度一生的那个人，而不能只是靠一时的冲动，两个人就发生关系，那以后的事情就很难收场。对男孩的教育，更要强调责任感和担当。有责任感、有担当的男孩子，做事情往往考虑得长远一点，往往不会任意妄为，给自己惹祸，给对方带来无法弥补的伤害。

鼓励孩子多参加社团活动

在教育孩子与异性交往的问题上，家长还可以借鉴一个办法，就是鼓励孩子大学期间多参加社团活动。社团活动可以让孩子接触到更多的异性，不但增加了认识合适人选的概率，同时，大家在一同做事的过程中，还可以观察到不同人不同的为人处世的态度，这是辨别对方的一个很好的途径。即使不一定专为找到合适的对象，社团活动也可以锻炼孩子的人际交往能力和处理事情的应变能力，这些对于孩子来说都是宝贵的经验。活动中有机会认识志趣相投的朋友，丰富自己的人生阅历的同时，还能提升自己对人的判断力。

参加活动时，和异性朋友相处最好是多人参与，而不要双人自成一个搭档。如果有意更进一步，最好先和父母商量，听听父母的意见，千万不要陷得很深才向父母求救，弄得大家都焦虑不安。向自己信任的人请教，是非常好的办法，这比一个人坐在那里苦想或者贸然做事，然后承担苦果，要好得多，也会少走很多弯路。这些都是做父母的要事先与孩子做好沟通的，事先给孩子做好预案，将来碰到情况，他才处理得妥当，省去很多麻烦和不必要的伤害。

尊重引导　帮助孩子找到人生方向

针对“上大学干什么”这个问题，我曾向不少大学生家长了解想法。有不少父母表示，就业压力这么大，顺利拿到大学文凭才能找好工作。

其实，这些家长并没有认识到孩子上大学的真正意义。其实，大学期间，孩子主要是学习生存的本领和自我素养的提高。**大学是确立年轻人一生受用的思想、思维、技能、生存的教育，更是孩子树立正确人生观的重要阶段。**

所以说，上大学，学生要完成什么目标尤为重要。那么，帮助孩子更好地完成大学学业，树立正确的人生观，实现人生价值，这才是大学生的父母需要做的事。

把毕业时的选择权交给孩子

到了毕业前夕，大学生们面临就业、考研、留学等诸多选择。尤其选择就业的大学生必须要十分痛苦地承认，大学文凭看起来很吸引人，到了真正需要求职时，往往没有起到多大的效用。

许多青年到了大学毕业，才发现自己的纯真、愚昧和可笑。于是，对书本上所传授的知识产生很大的怀疑。同样，对父母的教诲也跟着减少了信任度，认为父母和老师一样，理想性很高，却未必切合社会的真正需要。于是，很多大学生对未来的发展渐渐失去了信心，甚至感到迷茫无措。

这时，就需要父母们给孩子一些合理化建议。比如大学毕业前，大学生应该仔细考虑自己将来的出路，父母可以给孩子提供一些选择性意见，比如按照孩子的兴趣和自身能力、条件，去安排优先级。或者鼓励孩子毕业后多去进行一些尝试，看看哪一条路走得通。让他们心理上不妨把自己的计划当作后天的人生规划。而将走得通的路径，看成先天的人生规划。两者作一番比较，研究差异的真正原因，也就是找出为什么这一条路走得通，而其他路径却走不通的原因，对自己进行阶段性调整，必然有很大的帮助。行得通的，研究行得通的缘由；行不通的，也要研究行不通的道理。唯有这样，才能够找出真正的原因，而作出合理的调整。

大学生毕业，面临选择的时候，我希望父母能多跟孩子进行交流沟通，了解孩子的真实想法和对未来的计划，给他一些建设性意见，不强制要求，也不主观臆断，主要是引导孩子自己去进行选择，把选择的主动权还是交给孩子自己。

帮助孩子在变化中找到“大方向”

万事万物都处于变化之中，唯有适应这种变化，才能够真正适应社会的需求。面对错综复杂的变化，最理想的态度便是持经达变，有原则地应变，而不是没有原则地乱变。**持经达变是应用自己完整的思想体系（即完整的世界观和人生观），圆通地应对事物。**

大学生读了那么多书，应该从中找出若干不可变的原则作为自己今后安身立命的依据。这种安身立命的依据，就是以后在应对纷繁复杂事情时的准绳和标准。事实上，除了从书中学到的东西，还有来自家庭的教育，早已为孩子的发展深埋下了种子。

父母最好明白告诉孩子，人生最要紧的事情，是弄清楚自己到底要做些什么。换句话说，就是父母要帮助孩子先把人生观和价值观确定下来，也就是掌握未来的大方向，然后寻找具体如何去做的方法，再逐步加以实施。

大学毕业时树立人生观并不算晚。人生观一旦确立了，也就知道了自己未来的方向。之后，再动脑筋想办法，看怎么能实现这些目标。

纠正孩子的“名利观”

父母还要启发孩子多去想想自己应该做什么，鼓励他树立未来的远大目标。让孩子明白，人这一生，做什么样的事情可以利于社会，利于他人，实现自己的价值，才是我们来世上一次，最应该追求的东西。

现在不是，太多人只为了追求个人利益最大化、赚钱最多为目标，不太关心自己能为这个社会贡献多少，相反，比较在乎的是别人能为我奉献多少，别人最后能帮我多少。大学生毕业以后，想的都是怎样找到一份好工作，赚高薪。老实讲，这种想法有错吗？也不见得就不对，但是如果只有这一个想法，为了实现这一个目标，把其他更宝贵的丢弃了，那就比较可惜。

现代社会的人，已经习惯了讲实际。什么是讲实际？就是从小就树立了一个理想，要出人头地，要发家致富，要得到这种实际的好处。整个社会的人都在看：你有没有豪车，花多少钱买的。你的豪宅在哪里，现在市值多少钱。你的名牌包是不是限量版等。我们的生活水平普遍提高了，就觉得拥有了这些身外之物，就是把生活水平提高了。但为什么物质生活水平提得越高，人们心灵空虚的程度也随之提高呢？

这时，就需要父母教导孩子，不要把过好生活与物质生活水平的提高划上等号，这种人生观太狭隘。

如果说，把人做好与把事情做好，两者去衡量比较的话，做人永远是排在前面的。至于金钱，事实上是够用最好，太多或太少都是烦恼多多，并不是有钱什么都好。

帮助孩子正确认识成功

我常说：与其早成功，不如晚成功；与其晚失败，不如早失败。一个人成功得早，并不是幸运。因为很多事情不敢尝试，说不定把自己的真正天分给抹杀掉了。如果不这么早成功，就有机会继续摸索、尝试，说不定能激发出自己的潜能，获得更大的成就。一个人失败得晚，也不是幸运。晚节不保，已经没有时间可以挽回。倘若早些时日失败，还可以吸取教训，东山再起。

任何事情，在我们不熟悉它之前，都需要经历。所以无论成功与失败，最好都完完整整地体验过、经历过，这样，当它再次出现的时候，我们就有应对的办法。否则，太顺利或者太艰难，我们都有可能处理不好。

不断尝试　终身学习

父母要鼓励孩子趁年轻多做尝试，以免日后因不敢尝试而徒增悔恨。试过才知合不合适，总比心中始终存着梦想要来得好。年轻时不去尝试，等到年纪稍长、家累较重时才去尝试，就会造成年资中断，重返原职业也不容易，岂不是增加自己的麻烦，也带给家人很多烦恼与不便？年轻时，经历过，就积攒了经验。失败了，一切都有机会从头再来。

活到老，学到老，是自古以来便受人重视的大道理，现代的新名词称为“终生学习”。很多人食古不化，看不出两者的关联性；很多人不求甚解，居然说成“终身学习”。现在这个时代，变化可谓日新月异。所有人都要应对这些变化，不积极学习，便会被淘汰出局。所以，人们无一例外，都要不断地学习。

更有人自以为是，认为终生学习便是尽量抓住机会学习，以致没有时间实际加以应用。事实上，学习的目的是真正能够活用，唯有用得出来，才具有学习的效果。用不出来，学了以后，只能把它深藏，其实是在浪费时间。

父母要告诉孩子，最好是有需要才学习，学到了就使用，发现不足，再深入学习。知道要学些什么，再用心去学。这应该是一种有效的学习方式，值得好好去实践。

第十三章 成年子女的教育法则

亲子关系只要介入金钱，充满利害，只要一切讲制度，就都变成了权利义务，就已经没有人的味道了。我们如果慢慢走上那条路，那中华民族的精神和文化，就要从这个世界上消失了。

对子女不必强求回报

如果父母要求孩子一定要回馈自己，这个叫作什么？叫作爱必强求。今天我对你好，将来你一定要对我好，今天我全心全意培养你，将来你赚的钱就要回馈给我，这个又叫作什么？叫作投资放债。

亲子关系绝不应该是投资放债，父母对孩子也不该强求回馈。孝顺应是孩子从心底自发的行为，而父母对孩子也是无私的奉献，不应要求回报，强求回报就完全失去了这个意义。

有一位企业家，他赚了很多钱。他有了钱以后觉得自己很有学问，然后他就在电视上公开讲自己的母亲最会投资，说道：他看准了我，所以在我身上投资，可以说她是最佳投资者。在我看来，这种人不孝到极点，把母子关系看成了利益关系。一个人把妈妈看成是投资放债人，说明这个人已经没有什么价值观念了。

爱不是强求　也不是完全不求

那是不是说父母对孩子就完全不求了呢？

有很多父母跟孩子讲，以后长大不用照顾我们。我认为父母这种观念不对。人十年二十年以后会变成什么样子，谁也不知道。父母不要看自己现在身体很健康，说不定会有什么意外的变故。“养儿防老”不是一件坏事情，但是对孩子强求就不对了。作为父母我们需要采取一种合理的解释，如果把照顾父母当作儿女的孝顺，这是天底下最可贵的东西。

举个我自己的例子，不管父亲有没有钱，我都会按月送一部分钱给他，他怎么用是他的事。老人家最怕的就是什么？钱太紧，想买点书看都舍不得，那这样未免太孤苦伶仃。老人不愿样样都向儿女去开口要，因为他有自己的尊严。

如果父母说你绝对不要给我钱，那也是一件残酷的事情，就是连子女要表示一点点孝心都没有门道，不要斩断了这份可贵的孝心。少数人总是喜欢标榜自己，你看我从来不用儿子的钱，这不是教养成年孩子的正确方式。

培养子女的感恩之心

我们中国人，子女应该要有这份奉养父母的心，但是父母不可以强制规定。一旦规定变成制度，强求，就很麻烦。

我曾碰到过，一个人有四个儿子，他老了以后四个儿子商量，让老父亲在每人家住两天，两天到了就搬家，弄得老人整天都在搬家。最后说这样不行，改为一个月轮一次。

一个月，老大家满了，老大跟爸爸商量，这是这个月的最后一天，正好今天有事情所以要提前一天到老二那去。于是，老大一大早叫计程车，把父亲送到老二家去。老二一看怎么这么早来呢？赶忙说“我有事我要出去”。然后，又再叫计程车把老父亲送到老三家里去，整天坐出租车这样晃来晃去，后来老父亲忍无可忍，他就向报社投诉，把他儿子的名字和不孝敬老人的事实全部写出来。这样就变成了仇人，有什么亲子关系呢？

亲子关系只要介入金钱，充满利害，只要一切讲制度，就都变成了权利义务，就已经没有人的味道了。我们如果慢慢走上那条路，那中华民族的精神和文化，就要从这个世界上消失了。这是非常可怕的事情，做父母的有责任从自己做起，不能让这种事情发生。

不仅如此，中华民族的优良精神还要传递给下一代，再下一代，要一直传递下去。

我在法国巴黎看到有一家中国人的餐厅，他的女儿嫁的都是法国人，儿子娶的都是法国太太，每逢周末，他的女婿还有儿媳妇都会来帮忙。我很好奇，就问他，你怎么做得到呢？外国人为什么周末不出去度假，跑到你这帮忙呢？他说，这个很简单，我的儿子要娶法国太太时只讲了一句话，“你什么话都可以讲，就是不能批评我父母，你批评我父母，我马上跟你离婚”。我的女儿要嫁给法国人也讲了一句话，“你什么人都可以讲，但绝对不能讲我父母”。结果，就是我看到的一家人其乐融融的场面。

我们要想办法维护这种优良的精神。中国人常说，天下无不是的父母，子女没有一点资格去讲父母的不对，我跟我的太太也是约法三章，我什么人都可以讲，不会讲她父母，她什么人都可以讲，她从来不讲我父母。我自己也从未批评过我父母一句，因为我相信天下无不是的父母。

我想请问大家，这句话是什么意思？是说父母就一定不会犯错吗？不是，这句话是说父母也会有很多差错，只是我没有资格讲他，因为我是他的儿子。

我心目当中要有父母在，这是我的孝心。不像现在很多成年子女就向我控诉，我爸爸怎么不好，我妈妈怎么不讲道理。你这样讲了你家里面难道就会和谐？不能。那既然这样你还讲什么？为什么中国人一直主张家丑不外扬？家里再怎么吵架，再怎么打架，也不会对外人说。因为说了也没有用，不会改善家里的情况，只会让别人看笑话。

家是讲感情的地方

还有一句话，清官难断家务事。再了不起的官，再公正廉明，再懂道理，人家家里怎么扯来扯去，外人永远弄不清楚，家家有本难念的经，不是我们外人所能够了解的。

所以我们有很多做法跟西方不一样，西方会劝人家离婚，中国人从不劝人离婚。我们是劝和不劝离。

最近有一对年轻的朋友吵的要离婚，那个男的就来问我怎么办？我说要离婚，简单，我给你推荐个律师，很好，你们两个去找他办手续去离婚。他说，是是是，他始终没明白我讲这话的意思。结果我就打电话给那个律师朋友，我说我推荐两个年轻人去找你办离婚，你给我负责任，不能让他们离婚，你要劝得他们不离婚为止。结果他们两个去律师那里讲、讲、讲，讲到最后两个不离婚了。

很多事情忍耐一下就过去了，你一时不忍，终身遗憾。人难免会犯错，没有什么错是绝对不能原谅，没有严重到那个地步。当然天理国法那我们是没有办法，让他自己去承受。**家里不是讲法的地方，不是讲理的地方，是讲情的地方。**

所以，我一直提倡用亲情感化子女，让他自己感觉到不好意思。让子女自己去改变，这个是法院和学校都做不到的，这才叫作家庭的温馨跟感化力量，这才是家庭教育的重点所在。

很多时候，父母都无法跟孩子讲得通，因为父母和孩子理解的完全不一样。那么，懂的人跟不懂的人讲很辛苦，不懂的人他认为就是这样，懂得越多的人，越不敢讲话很大声，越不敢讲话很武断。凡是讲话很大声，讲话很武断的，都是不太懂的人。有一句俗语叫半缸水，响叮当，水一满就没有声音了。

人是需要讲道理，但是跟人讲道理最难。所以，不得已只好讲法，但讲法就没有情。**中国人还是以情为主，这个情的文化是世界上很宝贵的东西。**我们讲的是感应、感动、感化，不是讲惩罚和威胁。中国人很懂得以柔克刚的道理。

传授子女为人处世之道

什么叫作成年？简单理解就是他要为他自己的所作所为负起全部的责任，就叫成年。不管成年与否，都是家长花时间教育出来的。尽管他已经成年，或者已经为人父母，但是他们始终是家长的晚辈。

所以，在我们中国人的观念中，只要父母在世一天，父母一天不离开，成年子女也始终在父母的教育范围之内。绝不是因为子女已经成年，他的下一代已经出生，父母就停止对他们进行教育。**父母始终对自己的子女负有教导的责任，这样才能使一代比一代进步**。后代总是踩在前一代的肩膀上，总是能够从长辈那里得到很好的建议和经验，那他在自己的人生道路上，一定会少走很多弯路，最终的结果也一定更圆满些。

作为父母当面对已经步入成年的子女，就要用对待成年人的态度来对待他。父母与成年的子女相处，要懂得尊重和包容。对于孩子作出的任何合理选择，父母都要放开心胸，不能再像对待小孩子一样，教他一定要如何去做。成年以后，子女有自己明确的兴趣、性格和个人志向，因为他这辈子要做什么事情都能自己决定，所以我们要互相尊重、包容，这样大家就很和谐。

为子女揭示人生规律

孩子成年了，他可以结婚，可以生小孩子，他可以独立、可以出外谋生。他已经有足够的条件跟准备。这个时候，父母就要告诉他，**人生只有一条规律，谁都不能例外，就是四个字：自作自受。**

这四个字听起来有些无情，其实我们可以理解为：前面你种了什么样的因，后面就会结出什么样的果，这是一种因果关系。因果法则是宇宙第一法则，适用于每一个人。

自作自受是什么？比如当我们去观察，种下一粒南瓜籽，对它施肥浇水，若干天后，它长出了南瓜叶、南瓜藤，结出了南瓜。它绝对不会结出苦瓜，也绝对不会具备苦瓜的任何特征，这就是种瓜得瓜的道理，这是世间最朴素的因果法则。如果你问老农，他会告诉你本来如是。是的，本来如是，就是这样朴素的道理。

但是有时候，我们人类，不太会考虑到果报的问题，却不管不顾率性地先做了。等到若干年后此果报成熟的时候，又发现果报太恶，自己不能承受或负担。这样的话，有的人不但不承认自己的错误，反而会怨天尤人，或求神佛保佑，希望虽然做过错事，但是千万不要把果报降临在自己头上，这样的想法是比较愚笨的。

虽然子女已经成年，但是年轻人毕竟阅历尚浅，总有思虑不周或冲动的时候，当面对来自社会、职场、生活等方方面面的选择、诱惑时，父母要提醒他们重视这一点，做事之前三思而后行，多想一下结果，再谨慎处之。

提醒子女修身的重要性

修身的重要性不言而喻。修身，就是要修正自身言行的缺点错误。一天不修正，就一天不得进步。十天未修正，就是十天在后退。后退得多，天长地久日积月累，这个人就会变成面目可憎、语言乏味。他虽然看起来好像也没有变丑，但是磁场实实在在地变了，别人就是始终不想接近他，大家都想远离他，看到他就躲，这就糟糕了。

成年人就是开始懂得什么叫作人的味道。**我们这个世界叫娑婆世界，就是不完美的世界**。我们人类，也是不完美的种群。修身，虽然不能让我们一下子达到完美的境界，但是可以让我们无限趋向于完美，让自己变得更好。若心存傲慢，不想改过，实际上，这也就等于浪费了提升自己的诸多机会。所以，不承认自己需要修身，且拒绝修身是非常不划算、不明智的事情。

要谦虚，不可以去炫耀，更不可以标榜，不可以说我是不一样的，或者说，我就是比你强。这体现了一个人的胸怀和态度，真正的高手处理这些事情的时候永远展现出来的是低调，而不是走到哪里都压人一头。

父母要告诉子女，善于放低自己的人，走到哪里都会有贵人帮忙。傲慢的人，得罪了许多人还不自知，所以别人都懒得帮他，他还不知道自己为什么会总是碰壁。其实，这样无知的人是很可悲的。

教育孩子“以平常心做平常人”，这是最高的境界。每个人的心里，都是非常期望自己能够出类拔萃的。但是当你真正出类拔萃的时候，会发现，拥有一颗平常心太难了，而做平常人却是最难的事情。有些人，有一点小成绩就沾沾自喜，喜欢别人吹捧自己一番，恨不得全世界都能知道。这就不是平常心。

实在讲，从平常当中去表现你的了不起才是真正的了不起，所以一句话从平凡中变伟大，才是真正的伟大。水利万物而不争，水利万事万物，功劳有多大，它没有天天出来讲一讲自己的功德与贡献。越是不怎么样的人，越是不怎么出色的人，越会站出来鼓吹自己。

现在有一种普遍的社会现象就是无利不起早，也就是说，凡起早，皆因有钱赚，或者有利益享。也可以这样说，我每做的一件事情，都是为了我自己，如果于我没有任何好处，我肯定不做。其实这是自私自利到极点的表现，也是无知的表现。

父母要时刻提醒子女不要做这样的人。因为助人者，人恒助之。并不是你帮了别人，永远没有人帮你。相反，你帮的人越多，你受到的帮助也就越多。换句话说，我们帮了别人一点点，得到的却远不止这一点点。这是非常值得做的事情。

传承家风　父母要以身示范

孔子在《论语》里说，**其身正，不令而行；其身不正，虽令不从**。父母这一代以身示范做得好，那么子女便看样子去复制。父母是仁人君子，子女再差也差不到哪里去。父母要让子女了解，他们是接力棒，他们传承得好，则下一代、下下一代，会无限受益下去。如果他都做得很差，那么这个家的家风就完了，很可能越传越差。除非传到哪一代，突然出现一两位大德人物，才有可能扭转这个局面。同时，我们做父母的应该严于律己，自己先做到，才能树立一个好的榜样给后人。

另外，由于中国传统文化的中断，家风里当然有许多地方值得更进一步完善，所以父母这一代的责任很重大。当今父母，不但要大力学习，传承来自古代的智慧，同时还要吸收更多的精华适时补充。凡是符合传统文化标准的，符合自己家庭情况的正面的精神，都可以适时添加进去，这也是自己对于这个家的贡献。

家庭教育是世界上最难的事情，为什么？

因为它不是人力所能完全掌控的。因此，父母只要能尽心尽力去教育孩子，成果怎么样父母都要很欣然接受才对。父母已经尽心了，教出的孩子就是这个样子，那没有办法，因为不是父母所能掌控的。**只要尽力了，就不留遗憾了，至于成果如何好或者如何坏，都不必挂怀**。如果明明有时间和精力，却不想尽力，而致使自己与下一代，一代比一代堕落，这种做法是非常不可取的，也是有愧于祖先的。

第十四章
教养是女孩最好的嫁妆

母亲在教女儿的时候，要把女儿教得比较会害羞、比较懂得矜持才好。矜持是高度的艺术。小女孩若是会害羞，将来的运气和命运就会比较好；小女孩若是不懂得害羞，将来是很凄惨的。

教养女儿　妈妈需格外用心

父母的教养对于子女的成长至关重要，那么其中关键在于爸爸还是妈妈？答案差不多是在妈妈身上。中国人向来最重视母教，我们一直都讲“孟母三迁”“精忠报国”的典故，却不曾提到他们的爸爸哪里去了。小孩子几天看不到爸爸无所谓，一会儿见不到妈妈就会哭哭啼啼。正因为母亲的辛苦付出，所以在子女心中，妈妈远比爸爸更加重要。因此，母亲对于子女的影响，也是父亲不能比拟的。

女孩就是未来的妻子和妈妈，所以在教养女孩上面，妈妈一定要多花一点心思，要格外用心。只有我们的妈妈一代比一代强，我们的家庭才会一代比一代有希望，人才会一代比一代进步，国家才有发展的可能。这种连带的关系，大家一定要想通。

留心女儿生理变化　让其学会自尊自爱

妈妈每天和女儿生活在一起，最了解女儿的身体状况。而且妈妈与女儿同是女性，在很多事情上，教导她会更加方便。比如女儿初次来月经时，不免有一些惊慌和不安。这时，妈妈就要告诉她这种生理上的变化，是值得高兴和自豪的现象，说明女儿已经具有做母亲的资格，当然值得高兴。并趁机告诉她，女性的使命就是做妻子、做母亲。

同时，妈妈要让女儿养成自己洗涤内衣裤的习惯，明了自己的生理功能，是为了创造新的生命。这种功能，一定要保持到结婚那一天，不能够随随便便乱加使用才显得珍贵。利用洗涤内衣裤，来培养女儿对性的自傲和自觉。告诉女儿，性的问题必须自己保护，自己坚持。女性一生除了丈夫一人以外，不应该委身别的男性，这种精神上的、肉体上的纯洁是最为宝贵的贞节，让女儿学会自尊自爱。

以身作则　培养女儿良好生活习惯

我认识一位母亲，她的家庭经济状况一般，但是却非常重视对女儿的品格和气质的培养。她为女儿亲手缝制各种适合她风格和身材的服饰，严格培养女儿要讲究卫生、有节制的生活习惯，每个周末，她都会陪女儿去图书馆。这位妈妈在女儿面前从来都是干净整洁、穿着得体，从未在女儿面前表现出窘迫、邋遢，对待家中的老人也颇有耐心，家中更是收拾地井井有条。在妈妈的教导下，她的女儿性格可爱、气质清丽，人见人爱。

相比于大大咧咧、不修边幅的男孩，女孩表现出的外在形象应该是：干净、整洁、漂亮。我一直认为有教养、气质出众的女孩子，她的牙齿一定是刷得洁白的，指甲修得整齐，而且从小就养成了良好的整洁习惯。看到一些牙齿发黄或手指甲有污垢的女孩子，即使打扮得再漂亮，衣服穿得再考究，看起来仍是邋遢不堪，甚至给人一种心地卑鄙的感觉。嘴巴和指甲虽然只是人体的一小部分，但是这些卫生细节最能看出一个女孩的生活习惯，也最容易表现出女孩子的心理状态。

所以，妈妈一定要鼓励和督促女孩养成一个良好的生活习惯。疲疲沓沓，不修边幅的女人很难被人关注和喜爱。注重干净整洁并适当地修饰打扮不仅是对自己的关爱，更是对别人的尊重。

还有一点很重要，那就是妈妈自己也要树立一个正面的榜样，不仅在个人卫生和仪容仪表方面，在其他生活习惯上也要以身作则。比如妈妈总是不收拾屋子，家里乱糟糟，饭后不及时刷碗，一周的脏衣服堆在洗衣机中……对于刚刚学会生活的小女孩而言，这无疑为她们不良生活习惯形成了一个诱因。据不完全统计，妈妈的生活条理分明，其女儿有80%以上也会把生活安排的有条不紊。**所以，想要养育出一个爱干净，做事有条理的优秀女孩，妈妈一定要以身作则。**

女儿可以在生活的许多细节中感受到母亲所传递的对于自我、女人、男人，以及生活的一般观念。在女孩成长的每一个阶段，母亲无疑成了她们学习和模仿的对象。母亲的生活态度、生活方式都会给她们带来巨大的影响。

因而我们常说：娶媳妇先看她的母亲。看见母亲，就可以知道女儿将来会变成什么样子，女儿的缺点通常就是母亲的缺点。

比如，在家庭生活中，母亲为了女儿结婚以后减少和丈夫吵架，在任何场合都要格外尊重丈夫，让女儿从小耳濡目染，将来对丈夫也十分尊重，自然家庭更加和谐。如果母亲在女儿面前，毫无顾忌地批评丈夫，什么不守信用、没有时间观念、不会赚钱、没有出息、不像个男人、赌徒、酒鬼的话都骂得出来，女儿就会丧失对父亲的尊敬，继而对老师、对同学、对朋友也会失去信心，甚至不久以后，对母亲也不尊敬了，这才是自作自受。

从小培养与女儿深厚的感情　随时教导

母女之间应该无所不谈，这才是好妈妈。我看到我女儿也是这样的，我女儿每天晚上跟她的小女儿在一起，两个人谈得没完没了。我就问她：“你们谈什么？”她说：“我养成习惯，让我女儿把她每天从头到尾的事情都讲给我听。”我说：“你为什么这样做？”她说：“这样我就很放心了，因为我对她完全了解。”

从小养成习惯，做女儿的事无大小，原原本本、老老实实都跟妈妈去谈，妈妈就可以随时教她很多很多的事情。这样的话，当妈妈的很放心，当女儿的也可以学到很多很好的东西。如果妈妈跟女儿充分地沟通，就会对她产生很深刻的影响，然后母女就会心连心。

如果现在给你选择，当你老了，老伴离开了，你是选择跟女儿住还是跟儿子住？甚或干脆去住养老院？我想大部分人会选择跟女儿住。儿子永远不如女儿那么贴心，失去丈夫的女人多半住在女儿家，而不是住在儿子家。**在美国，房子里面只有丈母娘住的地方，而没有公婆住的地方**。

比如从小我就跟我外婆住在一起，外婆有儿子，但她就选择跟我妈妈住一起。我当时不懂当中的道理，但是长大后一想：怎么我跟外婆从小就很熟？我以前做小孩的时候，日子没有那么好过，外婆一到晚上就叫我过去，我就知道要给她锤腿、按摩。难道还有到外面去叫人按摩吗？没有那种好事的。但是外婆会做好吃的给我吃，大家相互交换。

如果一个人从长计议，考虑得长远一点，就会知道深厚的感情只有从小培养。等人都长大了以后各奔东西，各忙各的，就很难做得到了。

教导女儿正确的两性观念

面对孩子关于性的疑问，大多数的中国父母总会表现出难以启齿。这确实是中国家庭教育急需补上的一堂课。其实，性的游戏从小孩时期就已经开始了，如果小孩没有人教他，他就喜欢把衣服脱光，因为他本来就是没有穿衣服来到世上的，父母给他穿上他也偶尔脱掉，甚至喜欢脱掉，这都不值得大惊小怪。还有小孩经常玩弄自己的性器官，尤其洗澡的时候，很多孩子会把玩私处，这是他们在探索自己的身体。父母看到之后就叹气，其实这跟他玩手指有什么不同呢？全身的器官名字都可以叫只有这个不能叫，就会越发让小孩感觉到这个好像很特别。这时候父母可以告诉孩子，这个部位叫什么。

所以，小孩对性不了解，或者产生误解大多是父母不会教造成的，父母首先在这方面要有端正的观念才行。性是天性的，是自然给人的一部分。对于孩子而言，私处和五官一样，都是身体的重要组成部分。不要从小让小孩感觉到这个不能讲，或是偷偷摸摸的，那是很糟糕的。

而且，父母更不要认为孩子了解的多就会学坏，事实反而是父母越是不告诉他，他越对此产生强烈的好奇心。尤其当孩子的年龄不断增长，他们会自己想办法去了解这些奥妙，比如会出现偷窥、早恋等问题。

正面科学引导　解开女儿“性好奇”

父母们不仅要端正自己的观念，还要重视对孩子的性教育，特别是女孩子的性教育尤为重要，要教会她们自尊自爱和保护自己。现如今，中国家庭教育中由于缺少对女孩正确性意识和观念的培养，造成女孩在懵懂无知下被诱骗或侵害的案例不在少数。

在家庭教育中，对于培养女孩正确的性爱意识和观念，妈妈担当此责再适合不过。但是，还有很多妈妈对于孩子的性教育总是躲躲闪闪的，好像跟女儿谈这个是特别不好意思的事情。其实，性教育是正大光明的事情，没有什么丢脸的。作为妈妈从小就要让自己的女儿知道，性是人身体的一部分。女孩有月经，就表示她是女性，她有女性荷尔蒙，这是很正常的事情。而且还要告诉她这种生理上的变化，是值得高兴和自豪的现象，说明女儿已经具有做母亲的资格，当然值得高兴。

妈妈还要从小就告诉自己的女儿，人长大了以后看到不同性别的人，自然会有一些好奇心，这没有什么关系。

有一位妈妈，最近有一件苦恼的事：她快三岁的女儿豆豆，这一段时间开始好奇自己的身体为什么和男孩子不一样，总是追着问：我为什么不能像男孩一样站着上厕所？刘女士不知道怎么回答，感觉束手无策。

孩子到了一定的年纪，就会对一些关于两性的问题感到新鲜、好奇。但是，大多数父母往往不知道如何引导孩子的性教育，特别是妈妈，该如何回答女儿的这些问题呢？

面对女儿对“性”问题的疑惑，妈妈需以严肃的态度对待，并给予她正面的解答，帮助女孩正确了解生理现象以及性知识，以此科学引导她形成正确的性意识。而不是遮遮掩掩的糊弄过去，这样反而会让女儿对其产生更多的探知欲望。当然，对于小女孩的性教育，妈妈的态度要严肃，但是答案要简单易懂且尽量有趣一些。毕竟孩子年龄还小，如果直接生硬地加以解释，她不一定能明白。三岁开始，妈妈可以简单地给女孩讲一些性知识，让她对人的性别和身体特点有个基本了解。在孩子认知自己的身体时，妈妈就该坦诚且直接，并保持说法一致；而后在孩子不断成长过程中，再逐渐把更为复杂的知识、过程翔实讲给她听。通过这种循序渐进的方式，让孩子对于性教育有一个比较全面、科学的认识。

“易子而教” 避免羞于开口

对于性教育，妈妈不能觉得害羞，要将其视作一件很严肃的事情。当然，为了避免直接进行性教育时的尴尬，妈妈也可以利用帮女儿洗澡的机会来观察她的发育状态，并且用自己的经验向孩子介绍一些性发育的常识，告诉她关于隐私的概念以及身上的哪些部位属于隐私，并且教会她尊重自己和别人的隐私。

有的妈妈不好意思开口，那不妨“易子而教”，也就是请自己信得过的人来教自己的小孩，这不是很方便吗？

人总有一些好朋友，跟好朋友商量一下，说：“我很想教教我的女儿怎么样恋爱、怎么样结婚，但是她看到我总是很难为情，而我作为一个母亲跟她谈这个事情好像也不是很习惯，所以能不能拜托你跟她谈一谈？你可以带她到公园去走一走，然后趁机告诉她该怎么样，要注意哪些事情……”

这不是很好的方式吗？可是有一点要注意，你一定要选可靠的人，否则只会自添麻烦。

可靠的、正派的，而且能给小孩正确的指示、指点的人，叫作高明人士。高明人士从旁边找机会实施教育，小孩就可以受到很好的指导。

任何事情最好不要发生错误以后再来补救，因为那时候代价相当高。父母最好在事情没有发生以前就告诉小孩，她要避免那些事情，将来怎么做会更好。比如说父母从小就告诉女儿，不能跟别人过分亲密，因为她不是外国人。如果在电视上看到类似的画面就告诉女儿：“你愿意这样吗？你看他们的头发跟我们的不一样，脸孔长得也不一样，这是他们的风俗习惯，不是好坏的问题，你如果在中国这个样子，就是让妈妈没有面子，就是不孝了。”母亲很坦诚地告诉女儿这样的道理，应该是很妥当的。如果你觉得这样讲不方便，那就托一个比较可靠的人，让他帮助你给小孩子上好课，做好准备工作。这都是可以的。

性安全教育不可少

女孩子到了四五岁的时候，妈妈就应该开始给孩子进行性安全教育了，比如告诉女儿某些地方是不能让外人看到，更不能让外人碰触，即使是陌生人想抱抱她，亲亲她，也一定要拒绝，更不要去偏僻的地方，不拿陌生人给的食物和玩具。

女儿外出时，妈妈要记得提醒她尽量不要去人少荒凉的树林、河边，晚上更不要一个人去黑暗危险的地方等。

当女孩进入青春期后，妈妈在禁止孩子一些行为的同时，还应该耐心地告诉她这样做的原因，是为了保护她。此外，妈妈还应该教给女儿与异性交往的尺度，让她知道哪些事情是女孩子不能做的，给女儿灌输自珍自爱的观念。**妈妈对性危害的讲解，在一定程度上能增强女孩的自我保护意识。**

培养女孩正确的两性意识和观念，对她们的心理健康发育、两性关系以及长大后的性取向都具有非常大的影响，妈妈们不容小觑。

教女孩懂得矜持

妈妈要从小告诉女儿，女性要有女性的尊严，比如大方的说：虽然我的体能不如男性，但是你少欺负我。如果男的随便打她一下，摸她一把，她都不在乎，那就完了。所以说，矜持也是要求女孩子自尊、自爱、自重。妈妈应该教育女儿要用矜持来保护自己。

举个例子来说，我看到现在很多年轻的男女，男孩整个就趴在女孩身上，然后去拍她的头，而女孩还不知道躲开，这不是很奇怪吗？男孩如果对女孩不礼貌，女孩就不应该再理他，这样才对。

女性应该有她特殊的警觉性，一看情况不对就要赶快离开，就要寻求保护，就要想办法求救。

有一次我听到一番对话，简直完全不能接受。

几个男孩跟一个女孩在一起，那些男孩就告诉那个女孩说：“别人端茶给你喝，你不能乱喝。”女孩说：“我不渴当然不喝，口渴就喝呀，能怎么样？”男孩说：“这样不行，万一在里面给你下了药，让你昏迷，然后对你干坏事呢？”那个女孩回答说：“那又怎么样？”

“那又怎么样”就是对自己不负责任，就是自暴自弃，更不要谈什么尊严了。这种人受到欺负没有人会同情，也不必同情。

一个人的行为要随着时代不断地调整，这才叫作现代人。以前别人拿一颗糖给你吃，你放心就吃了。可是现在，谁也不敢了。同样，你也不可以糊里糊涂地端一杯茶给别人喝，更不可以当面叫人家喝下去，谁知道你在里面放了什么东西？

假如你要请人家吃糖，该怎么做？一定要拿一包没有开封的糖出来，然后当众撕开，先剥一颗给自己吃，五分钟后再分给别人吃，别人就敢吃了。因为第一它是原封的，里面的糖都是一样的。第二你自己吃下去，五分钟没有事，别人当然可以吃了。一瓶水打开喝过以后，应该始终拿在自己手上，千万不要乱放，否则可能给人可乘之机。大家会不会觉得这样太过谨慎？但是道理一定是对的。每个人都要根据社会现实的状况，来调整自己的行为。一个人要懂得保护自己，而不是寄希望于天天都好运，因为人不可能天天都好运的。

我们一定要记住，环境是在改变的，人心是不可测的——“知人知面不知心”“人心隔肚皮”，我们永远不知道别人会动什么歪脑筋。

所以我们不可以骄傲，要谦虚温和，要体谅别人，一骄傲就会孤芳自赏，交不到朋友；同时我们也不能随便，妈妈要告诉自己的女儿有足够的警觉性，知道保护自己，不能随便，一随便就会自暴自弃，没人会同情。

尤其在有些男人眼中，太随便的女人他们不需要尊重。比如，有的男人约女孩吃饭看电影，并未出于爱女孩或想追求女孩，或许只是一种试探，看是否有机可乘。如果女孩一点不懂矜持就随便赴约，就会让人认为这个女孩比较随便。虽然这种情况不能代表大多数，但至少应该引起女孩们的警觉。

懂得矜持的女孩更好运

母亲在教女儿的时候，要把女儿教得比较会害羞、比较懂得矜持才好。矜持是高度的艺术。小女孩若是会害羞，将来的运气和命运就会比较好；小女孩若是不懂得害羞，将来是很凄惨的。

女孩子要时刻守护好自己的矜持，不要因一时冲动，让自己受到伤害。比如在恋爱时，不能为了向对方证明自己的爱，就轻易答应对方的某些要求。妈妈要让女儿记住，不懂得尊重她的男生，也根本不值得她付出真挚的感情。对待男女生的关系，尽量避免两个人独处，防止过于亲密而越轨。

同时，妈妈还要从小教育女儿，衣服应该穿得整齐、大方、体面，不能随便露这里露那里，人穷到没有办法才会衣不蔽体。故意这里开一下，那里开一下，是女孩子自己贬低自己的身价。

有人问，像接吻、拥抱啊，到底要怎么做？四个字：合理就好。不必学习外国人，见面就要抱在一起，也不必抱得那么热烈。中国人最知道老天爷会让我们再见面的，所以用不着那样子，合理就好。中国人也有拥抱，可是中国人比较聪明，知道怎么抱到合理的地步。孟子讲得最清楚，假如你的嫂嫂掉到水里面去，你要不要去拉她？答案是当然要拉，不能说“男女授受不亲”就不拉她，那是假道学。可是拉上来，你就要放手了，如果一直拉着，哥哥就觉得很奇怪了，这个合理的“度”很重要。这是我们中华文化很了不起的地方，很多人还没搞清楚，就说中国人这样那样不好，这是不对的。

中国人主张就是要有一点神秘感，让你看不清楚，你才有兴趣，这才是好的。如果有一天异性之间完全没有吸引力，完全没有神秘感，请问人类要走向哪里去？中华文化在很多地方都是值得大家好好去爱惜，并且好好发扬光大的。

帮助女儿树立正确的婚恋观

在我认识的朋友中养育女孩的，似乎在内心都有着一点共同的担忧，就是害怕自己的宝贝女儿长大后在婚恋上吃亏或走弯路。

其实，一个女孩想和什么样的人谈恋爱，未来和谁结婚，都是由她的爱情观和婚姻观来决定的。这就需要我们的父母帮助女儿树立正确的恋爱婚姻观，才能为她未来的美好生活奠定牢固的基础。

帮女儿树立正确的婚姻观

作为母亲，一定要帮助女儿树立正确的婚姻观念，帮助她找到适合自己的另一半。母亲要让她懂得，在选择男人的时候，千万不要以身份、地位、经济收入为依据，因为这些随时都是会变的。那要看什么？

第一个是要看他有没有责任感。一个有责任感的人是可以信赖的，一个没有责任感的人越有成就，越容易把另外一半轻轻地抛弃掉。有责任感之后，再看看他的胸襟大不大、眼光远不远、理想高不高。一个心胸窄小的人，就算有责任感也负担不起来，一个眼光很短浅的人根本就走不了多远，一个完全没有理想的人只不过是在混日子。测试了他的理想、胸襟和眼光，最后再看看他有没有执行力。如果完全没有执行力，那只不过是口头说说而已，嘴巴讲很多没有一样能做得出来，那是很糟糕的。抓住这三个重点，八九不离十就能了解这个男人到底有多少分量。

妈妈还要时刻提醒女儿，让她千万不要被对方华丽的表面所迷惑。一个内心善良、性格积极向上、有责任和担当的人才是值得托付一生的好男人。

妈妈还要从小教导女儿，一个人一生只爱一个人，只结一次婚，那是最幸福的。以前的婚姻不是自己作决定，可以说比较不自由。那个时候勉强去讲三从四德，其实是不太公平的，还使得女性同胞遭受了很大的委屈。但是现在的情况不同了，男女之间认识的机会很多，多数夫妻都是经过自由恋爱的，可以说是自己选择的。一个人经过慎重地选择后，就不要再挑三拣四、吹毛求疵，因为人不可能没有缺点。好不容易选到一个人，天天跟他过不去就是跟自己过不去。在这种情况之下，如果还要随便离婚的话，就表示自己的选择能力不够好。

我常常劝很多女性朋友，如果找不到合适的另外一半，宁可不要结婚，没有必要勉强的。因为一辈子太长了，遇见错的人比孤独更可怕。同样，父母也要这样教育自己的女儿。就算女儿到了该结婚的年龄，也不应该以这个理由而去逼婚。婚姻一定是有条件的。要提醒帮助女儿在陷入爱情的漩涡之前，先理智地慎选恋爱对象，避免爱上不该爱的人，这应该是未雨绸缪的最佳原则。

当今社会，各式各样的诱惑太多。年轻人追求时髦，说恋爱要有“来电”的感觉，什么是来电？人又不是电器怎么来电呢？你说“我看他很顺眼”，看他很顺眼又怎么样？这些想法都不对。世界上只有男人和女人两种性别，而男性和女性又非结合不可，除非心里面认定互相结合才有幸福，否则就不能算作恋爱，不能随随便便交往。

爱情小说要劝女儿少看为妙，因为有些写爱情小说的人，其本身的爱情也许并不美满。如果要听电视上的婚姻讲座，也要先去打听打听主讲人的家庭状况怎么样。通常的情况是，在那里讲得头头是道的人，自己的家庭却是破裂的。言教不如身教，自己都做不到，还去讲什么呢？现在偏偏就是很多人站在那里讲得天花乱坠，其实自己都是经不起考验的。所以，作为母亲，一定要有鉴别和选择的能力，不要女儿误入歧途。

帮女儿设定原则底线

在婚恋方面，妈妈还要教会女儿一定要有自己的原则与底线，才能过滤掉一些低质量的假追求者。如果对方越过了底线，就要毅然决然地选择放弃。当然，底线可以随自己来设定，妈妈可以帮助提供一些建议，比如：酗酒、家暴、不尊重长辈、自私自利等都可以。

谈恋爱要有自己的原则和标准，父母要告诉孩子，要确立恋爱对象，先要充分了解对方，不要仅仅被外在的帅气、美貌、身材等吸引，而忽略内在的性格、修养、脾气。往往等到发现性格不合拍时，一方或双方都已陷入太深，不愿轻易放弃，常为一些小事产生纠纷、争吵，甚至造成悲剧。

警惕一些婚恋“陷阱”

另外，对于妈妈来说，我希望你要跟女儿从小就灌输这样的观念，就是“无爱受孕”。与人恋爱，不要轻易发生关系，没有爱情照样会怀孕，这才是糟糕的。男人看到女人很喜欢，女人看到男人也很喜欢，然后两个人就发生性关系，男方事后什么都忘记了，倒霉的只能是女方，因为一不小心就会受孕。男人很简单，有爱情就在一起，没有爱情就走掉了，因为他没有什么顾虑和后遗症。女人就不一样了，很容易就会怀孕。有人说想办法不怀孕，那就更糟糕了，可能到最后没有人要跟你结婚了。还有人说有小孩没关系，可以去堕胎。要知道，堕胎对女性的身体和精神都是巨大的伤害，有时候甚至连命都搭上了。这些事情在女儿还不懂的时候，都是需要妈妈十分关注的。

作为母亲一定要告诫自己的女儿，找爱人要找阳光下堂堂正正能拉手亲吻的，能光明正大公之于众的。有妇之夫即使再优秀，也不坚决要去碰。一个有良知和负责任的男人，是不会脚踏两只船的。让女儿不要听信那些男人哄骗的甜言蜜语，更不要相信他们所作出的任何承诺。话说的再好听，他们的目的也不过是骗女孩上他那条贼船。

一个人对于婚姻跟爱情，一定要有一个正确的观念。妈妈要告诉女儿，最好是为了结婚而恋爱，不是把它们分开。我相信从小跟女儿这样交流，她就会知道不能随便跟人家谈恋爱，要慎选对象。以后她恋爱的目标就是要结婚，对方也了解这样的诚意，自然也不敢把她当儿戏，这样才会得到真正的幸福。

母亲只有从小帮助女儿树立合理的恋爱婚姻观，正确认识真善美，教给她明辨是非的能力，以后她才有可能成长为一个有价值的女人、妻子和母亲。

女性要独立　更要温柔

长期以来我们总觉得有些事情是关乎男人而不是女人，所以有些人天生就不太赞同女性介入某些事情，这就是“先入为主”的观念在作怪。

其实，早在十几年前，我就曾预言过，21世纪是女性的世纪，现在也慢慢在实现。学校里，女生的成绩越来越好；公司里，女性的主管越来越多；世界上，女性的领袖也越来越多。同时，我也要请问各位，当女性越来越抬头的时候，是不是女性越来越幸福？答案是：不。

女强人往往不幸福

我在这里大致上分一下，男人有两种，一种叫大男人，一种叫小男人；女人也有两种，一种叫作大女人，一种叫作小女人。但是一般而言，大男人绝对不会喜欢大女人，反而会更喜欢小女人。

因为在男人眼中，女强人缺少温柔和母性，而婚姻和家庭不幸福也成了“女强人”的潜台词。

我在一些城市看到很多非常成功的女性企业家，她们长得很漂亮，打扮得也很时髦，但是感情和婚姻往往却不幸福。问题出在哪里？就是周围所有的人都把她当男人看，没有人把她当女人看，这种现象就比较不好。

在欧洲、在美国，一个女性的医生会很大方自然地跟你介绍“我先生是司机”。一个西方金领女性嫁给司机，她不会觉得这有什么不对，也不会觉得丢脸。

我没有说司机地位不高，我也并没有什么职业贵贱的社会偏见。我只是问你，如果是你嫁给司机，会不会很大方地、一点不在乎地向你的亲朋好友去介绍。东方人几乎是做不到的，问题就出在这里。

所以，为什么女强人这个名词，喊了不到两年就不见了。因为大多数女强人都不幸福，甚至没有一个美满的家庭，没有一个有理想的归宿。一个男人可以对他的太太很客气，但是绝对不能忍受太太对他有太多的摆布。“你要这样，你要那样”，他干脆出走了，受这个气干吗？这是阴阳变化的道理，非常容易了解。

而且在家庭生活中，女强人还会害苦自己。她们几乎没有任何事情需要依靠男人，从而使得对方产生一种不被需要甚至毫无存在感的落寞。

女人强大、独立一点无可厚非，但不要让强大成为你的致命伤，因为强大、独立而孤独无依是女人的大不幸。于是，女强人在获得光辉成就的同时，也必然会留下缺失和遗憾。

不仅在两性关系上，就连在职场中，性格强势、能力出众甚至超越男性的女人，也容易背负更多的责任、压力与超负荷，常言道“能者多劳”。因为女强人不会像小鸟依人的女同事那般，拥有被照顾或关怀的特权，而是理所当然地被视作男人来使用或成为男人眼中的竞争对手。

因此，女强人注定要比普通女性承受更多的压力、孤独与折磨，人生之路不会非常顺利，而是充满各种坎坷、考验。

温柔的女性更强大

在中国传统的易卦中，“阳”和“阴”分别对应着“乾卦”和“坤卦”。其中，“乾卦”代表强健、阳刚和男性的特质；而“坤卦”则代表纤弱、阴柔和女性的特质。所以我们常说，男人应该有男人的气概，女人也应该有女人的温柔，一个是阳刚、一个是阴柔，这也是妈妈在教育女儿时应该格外注意的。

要知道，不同的性格和价值取向大多决定不一样的人生结果。父母培养女儿独立、有主见、不甘人后的性格时一定要掌握好度，切忌一味教育女儿要事事争先、事事好强。因为一旦女人过于强势、能干也就容易变得苛刻、挑剔，让人敬而远之。

妈妈要告诉女儿：真正好强的女人，会懂得什么时候该坚强，什么时候该示弱。因为偶尔的示弱，其实是一种大智慧，只是这种智慧是女人用宽容和爱心以示弱的方式进行了演绎。

还要让女儿知道，聪明的女人要学会温柔，内在的强大和淡定，外在表现都是温柔与风度，教育她们要适当地表现出女性柔弱的一面。比如在家庭生活中，大多数男性都还是想要从婚姻中获取温柔与抚慰的，而不是娶一个强势逼人的女主管或女老板；在工作中，女人也不必诸事逞强，要学会求助，才能在职场中更加游刃有余。

作为母亲，让女儿渐渐了解到温柔的过程和意义。温柔的女人做事果断却不经常发脾气；头脑清醒冷静却从不失温情。不一定要有“柔弱的外表”，却要有一颗十分宽厚体贴的心，而这样的一颗心，足以撑起女人的温柔感，获得更多人喜爱与敬重。如果女人整日总是一副盛气凌人、强势的姿态，会让很多人不愿与你亲近。

所以说，母亲在教育女儿时，要不断向她渗透一种观念，那就是女人的温柔也是一种力量。

第十五章

教养男孩的正确打开方式

没有什么所谓男孩难养，父母给他足够的理解和耐心，用适合的方法，他自然会向着好的方向去成长。这是我们做父母的责任，也是我们应当掌握的教养智慧。

爸爸是男孩最好的学习榜样

我们常说：有其父必有其子。可见，爸爸对于一个男孩子的影响是非常大的。现代的科学研究也发现，男孩子从六岁左右，就开始模仿父亲的行言行举止，不自觉地把父亲当成自己的榜样，他需要从父亲身上看到自己的定位，并向父亲学习从而获得成长。因此，在男孩的成长过程中，爸爸要发挥自己的榜样作用。你想培养出怎样的男孩子，就要看你这个做爸爸的，自己做得怎么样。

教养男孩　爸爸要以身作则

男孩子在成长过程中，会从爸爸身上寻找自己的定位。大多数男孩都把自己的父亲视为崇拜和学习的偶像、范本。

六岁以前的男孩子，最需要温暖的爱与呵护，因此这个阶段妈妈的影响更大一些。但是到了六岁左右，男孩子开始有意识地注意爸爸的一言一行。他们会模仿爸爸的言行举止，爸爸在生活中的各种表现，会成为男孩子最初的行为范本。

这个时期，在男孩的眼中，爸爸代表力量、权威以及智慧，他们对父亲充满敬重，认为爸爸最有威严。因此爸爸说的话，男孩也更容易接受、重视，并坚信其正确性。**在成长过程中，男孩会逐渐多地倾向于和爸爸相处，把爸爸当作榜样，并在**

无形中去学习模仿爸爸。

想教养出什么样的男孩子，爸爸要多用功，多反思，从自己做起。你做得好，你的儿子自然学得好，你自己做不好，还怎么期望儿子会做好呢？

有一位妈妈，她非常苦恼，因为她的儿子一点也不尊重她。后来我发现了原因，原来，她的丈夫平时就喜欢对她大呼小叫。早上起来，丈夫就坐在桌边大喊：“早餐呢？做点饭都这么磨蹭！”晚上回到家，也是一样，对妻子横竖看不顺眼。爸爸这样的行为，儿子看在眼里，自然跟着学起来，也对妈妈颐指气使，导致这个妈妈非常伤心。

这个爸爸最好早日反省，不然的话，他的儿子将来长大了，还是以同样的态度对待自己的妻子，那儿子的家庭也不会幸福，这种影响是几代人难以消除的。

坏榜样让孩子受到不良影响，好榜样才能引导孩子积极向上。我提醒做爸爸的，无论是行为习惯，还是待人接物、处理问题，都要时刻以身作则，给儿子一个正面的榜样参照。

比如，在家庭里，丈夫主动帮助妻子承担家务，帮助邻居老人做一些体力活，让儿子感受到男性的力量与担当；在公共场合不大声喧哗，礼让老幼，儿子在一旁看着，长大也会具有绅士风度；在竞赛场合奋力争先、展现机智谋略，让儿子体会坚韧和变通的处事方法，这对他以后的成长，是一种很好的借鉴。

爸爸想把儿子培养成合格且优秀的人，自己要先认识到，你就是男孩的最佳学习榜样。父亲在男孩面前的榜样形象，将直接影响男孩成长为什么样的男人，更是男孩获得幸福生活的重要基石。

把握男孩成长特点　做好榜样

在男孩成长的不同阶段，他们所需要的榜样力量也是有所变化的。做爸爸的，想要把儿子教养好，也要清楚男孩不同阶段的成长特点，有针对性地教导，才能收到比较正向的效果。否则，不但儿子不接受，处理不好还会使父子关系变得疏离，得不偿失。

第一个阶段是6岁以前，男孩在这个时期的生理特征还不突出，心理上相对脆弱，自我意识不清晰，对妈妈的依赖性强。这时，男孩最需要的是父母无微不至的关爱。如果爸爸认为儿子跟自己不亲近，当起“甩手掌柜”，把教育的责任全部推给妈妈，容易造成男孩情感体验的缺失。所以，爸爸应该帮助妈妈，让儿子在妈妈的爱护下快乐长大，多与儿子进行亲密接触，建立融洽的父子关系。

第二个阶段是6~12岁。男孩体内的荷尔蒙逐渐分泌旺盛，男性特征在身体上开始显现。这个阶段，男孩的特性也开始显现，比如调皮、好动、攻击性、不服输等。这个时期，男孩开始关注自己的爸爸，希望从爸爸身上得到力量，长成像爸爸一样的男子汉。因此，这个时期爸爸要多与儿子相处。比如和儿子一起玩耍、游戏，在游戏中教会儿子宽容、勇敢的品质。

第三个阶段是13~16岁。男孩已经进入青春期，青春期是男孩一生成长的关键期，也是人生重要的转折期。这个时期男孩的心理和生理都发生了重大变化，比如易焦躁、喜怒无常，跟家长的关系处于紧张状态。很多家长会发现以前听话的儿子变了，开始和父母顶嘴，甚至出现逃学、打架等问题。这个时期，爸爸的角色尤其重要，当儿子遇到问题时，爸爸要放平姿态，用平等的身份跟他谈心，真正了解他，走进儿子的心里，而不是一味训斥。青春期是少年犯罪的高发期，爸爸要给男孩正确的引导，教会他们要怎么做人做事，帮助他们顺利度过危险期。

好爸爸要努力修炼自己的良好品质和能力，给男孩以积极的影响，促进男孩成长。爸爸为男孩作出好的榜样，对培养男孩的人格魅力和自主自控能力有很重要的作用，这样的男孩更容易适应现实社会和未来世界的发展。

培养男孩的“男子气概”

为什么现在很多男孩子胆小脆弱、优柔寡断、缺少担当，完全不像男孩样呢？探究起男孩缺乏阳刚之气的原因，其实与他从小的家庭教养方式密切相关。我再强调一下，把男孩培养得有男子气概，把女儿培养得很有气质，这才是成功的家庭教育。既然是男孩，父母就要尽量把他教得有男性气概。

警惕 “中性危机”唤醒性别意识

今天社会上有一种观念，叫作“中性”。什么是中性？这是很特殊的一种情况，没有什么值得鼓励的地方。但是现在电视上，打扮得既不像男生，也不像女生，并说自己是中性人的大有人在，更可怕的是还有很多年轻人在极力追捧。

尤其是越来越多的“花美男”在互联网上受到热捧。在生活中，也有很多男孩着装打扮趋于女性化，具有明显的女性特征，言行举止缺少男子气概。“中性危机”愈演愈烈，这是非常让人担心的事情。

在这种情况下，我们要深入一点去想这个问题，是不是从孩子小的时候我们就做错了？一个小男孩，从生下来就长期和妈妈在一起，除了妈妈，照顾他的就是奶奶和外婆，然后到学校，老师大部分是女性，耳濡目染之下，他很容易女性化，讲话不阳刚，走路也没有一点男人的样子。

这提醒我们，要给孩子一个完整的家庭，对于孩子的教养，爸爸是不能缺位的，尤其对于男孩子来说，要让他从小的成长环境中，有爸爸的存在，有男性的影响在。

我建议，三岁以后，妈妈要逐渐放手，有意识地让爸爸多参与男孩的教育。爸爸以男性的方式与儿子增强交流，给男孩带来完全不同的感受和体验，这样可以帮助男孩形成阳刚之气，对于男孩的成长有益，也有利于男孩男子气概的养成。那有人会说，肯定是女性照顾男孩的时间多啊，怎么办呢？其实这没有问题的，从古至今，都是妈妈照顾孩子，没有哪个男孩一定要爸爸带大，才能成为男子汉的。只要妈妈在教养男孩的时候，注意方式方法，注意按照男女不同的特点给予不同教养，就不会有什么麻烦。有儿子的妈妈，我的建议是，一定不要把儿子当女儿养。男孩就该按照男孩的特点来养，他的日常穿戴、玩的玩具、说话走路，都按照男性该有的样子来。妈妈可以温柔，但是不要对男孩子过分娇惯，不妨让他大胆一点、淘气一点，磕磕碰碰不用太紧张，保证他的基本安全就好。孩子再大一点，就要教育他男孩和女孩不同，男孩子不能欺负女孩子。**从生活中的点滴细节，要让男孩形成明确的性别意识，给自身一个清楚的定位，这样才是稳妥的。**

从小培养男孩的责任感

男孩子最重要的是责任感。因为男孩子长大了要成为一家之长，没有责任感，很难当此大任。

父母要从小教育男孩子，把成家立业当作人生的大事来看待。所以，等儿子大一点后，父母要告诉儿子作为男人，未来要有勇气把一家人的生活担子挑起来，也要有相当的能力才能够顺利而愉快地承担。

而把养家糊口、一家人的生活责任挑起来，具有强烈责任感的男人，多少也会带有一些傲气，这才是正常的表现。**傲气并不是骄傲，而是争气的象征**。很神气，一点也不骄傲，才叫作傲气。由于责任使然，他们至少不会到处拈花惹草，因此也更加安全。

父母不可能万事都为孩子负责，特别是他成人以后总要独立面对和解决一些问题，父母应该做的是从男孩还小的时候就开始培养他的担当意识和责任意识。

父母该如何培养男孩的责任感呢?

比如可以从自己身边的事情开始，让男孩逐渐有感觉，把责任感的培养落到具体的实处。最基本的是“自己的事情自己做”。父母要让男孩知道：在幼儿园和学校尊敬老师、爱护同伴、在家中自己收拾玩具与学习用品，帮着爸妈做些自己力所能及的事等，这些都是有责任感的表现。

总而言之，要培养男孩责任感，首先得让他们明白自己有什么责任，责任感又表现在什么地方。

不过度保护　让男孩走出“温室”

很多家长习惯性地把孩子全方位地保护起来，认为孩子不生病、不受伤、时刻干净整洁，他们作为父母的责任才尽到了。当然，这些想法没有错，不过如果那个度把握不好，做得太过了，就等于把孩子关进了一座“温室”，温室里养出的花朵，一点风吹雨打都承受不住，到头来，还是害了自己的孩子。

尤其是男孩子，他天性就是调皮淘气，喜欢跑跑跳跳，这也是他认识世界、探索未知的方式，有的妈妈却一再限制自己的儿子，不准弄脏衣服、不准到处乱跑，结果养出来的男孩倒是很整洁，可是也失去了男孩应有的活力和神气。还有很多父母，生怕自己的儿子受一点伤，摔倒了赶紧去抱，还要埋怨地面的错，一个小伤口，一家人都大呼小叫，恨不得要立刻跑到医院去。这样的表现，就是从小告诉这个男孩子，他是最重要的，他最宝贵，什么都不能对他有损伤。那他长大之后怎么办？难道受一点委屈，就要跑到父母那里去寻找安慰？他连自己都照顾不了，那还怎么期望他有撑起一个家庭的责任？

所以，家里有男孩的父母，在教养儿子的时候，一定要减少对他的娇生惯养、包办代替，让男孩从小就多一些经历、多一些锻炼，这样他们才能逐渐表现出勇敢、坚韧、顽强的品格，也才能更好地应对自己的人生。

父母适当地放手，多给男孩勇于担当、独立处事的机会和独立成长的空间。当男孩遇到困难并且能自己解决时，父母给予适当鼓励；当他遇到无法解决的难题时，父母提供建议和帮助，让男孩学会勇于面对，敢于有所行动，这样他才能不断收获信心，增长经验。相比父母一直小心翼翼地保护，这种教养态度，前者对男孩才是更有益的。

教养有术　让男孩成为男子汉

教养男孩的男子气概，也有一些行之有效的具体方法，大家不妨尝试一下：

鼓励男孩多参加团队运动，有利于锻炼意志力。比如激烈的对抗性运动：足球、篮球比赛等，不仅能提高孩子的身体素质，还能培养男孩的抗挫折能力。

选择一些合适的书刊，向男孩传达正确的观念。男孩子可以孔武有力，也可以文质彬彬，只要具备应有的担当、勇气和智慧，都可以成为顶天立地的男子汉。有的男孩天生喜静不喜动，父母就可以针对孩子的特点，给他准备一些书籍、杂志或者电影。好的资料可以传达出正向的能量，对孩子的精神影响可能是很深远的。

留出爸爸与儿子独处的时光。我建议爸爸每周都要留出一定的时间，单独陪伴儿子，和儿子探讨一些话题，针对男孩不同的成长阶段，话题也可以有所侧重。谈论什么并不重要，重要的是，爸爸用自己男性的世界观、价值观和思维方式来探讨问题，在无形中给男孩一定的参考，让他认识到男性在待人接物上，是一个什么样的状态。这对于他日后确定自己的行事准则，是有好处的。

给男孩更多的理解与宽容

教育孩子的原则当中，有一些是儿子、女儿都适用的，比如父母在孩子幼小时，最好提醒他们，将来不能依赖父母，必须自食其力，用自己的力量维持自己的生活；要从小教他们自重自爱，培养良好的品德和生活习惯……但是也有个别的，男的、女的、大的、小的都不一样，这就需要不同的教养方式。对男孩的培养方式要与养育女孩有所区别，父母要掌握男孩成长的特点，才能教养出一个好儿子。

男孩在不同阶段的成长特点

0~6岁。婴儿时期的孩子，无论男孩还是女孩，他们的需求都是一样的，这时父母们无须在性别差异教养上浪费更多精力。这个阶段的孩子都喜欢让人抱着，喜欢有人和他们玩儿，喜欢被人逗。他们对这个世界充满好奇，喜欢四处摸索。

他们的性格迥异，一些孩子比较安静，容易安抚，比如一觉就睡很长时间；但有些孩子喜欢制造噪声，很难入睡，一直动来动去。还有一些孩子性情急躁，需要父母不停安抚才能平静下来。因此，这一阶段父母的任务是让孩子在爱的包围下安全成长。

6~13岁。这个阶段的男孩，开始有清楚的性别意识，并开始摸索自己作为男性应该具有的样子。**父母的主要任务是，让男孩养成良好的品性，并教给他们一些技能，使其成长为一个全面发展的人。**

这个时期，父亲的角色更加重要。男孩更喜欢和爸爸或其他成年男性在一起，学习并模仿他们。如果父亲忽视了这一点，那么男孩就会不断地惹麻烦，引起父亲的关注。我建议，从小学到初中，男孩应该主要和父母一起生活，得到父母的帮助和指导，向大人学习如何处理事情，享受父母的陪伴。

十四岁到成年。这一时期，男孩已经进入快速发育期，自我意识开始变得强烈，表现出爱争辩、焦虑且情绪喜怒无常等特点。这个阶段的男孩，需要智慧成熟的长辈引导，帮助他完成从幼稚到成熟的蜕变。在这个阶段，父母的目标是如何教育他成为一名合格的社会成员，让他有机会接触更多优秀的人，开阔视野，给他自己选择和作决定的机会，并让男孩养成承担责任的习惯。

同时，父母在男孩的生活中已经不再占有主导位置，他们开始热衷于参加一些社团或课外活动，这些活动能有助于他们学会人际交往的方法。父母要尽到把关的责任，让男孩接触那些有益的人和事，远离不好的环境。

给男孩更多理解与宽容

养育男孩，父母们不仅要把握他成长的规律和特点，还需对男孩多些理解、耐心和宽容。

养育过孩子的人都有体会，男孩子天生比女孩子吵闹、淘气，很多家里面有儿子的家长，都感叹养男孩辛苦。

我倒是奉劝大家，这种差别是天性，我们做父母的首先要尊重他作为男孩的天性，才能来谈好的教养。如果你从心底里就先给男孩一个“坏”标签，那不管你花多少财力、精力在这个儿子身上，也很难收到好的教育效果。因为你从心里不爱他，这种感觉上的东西，其实孩子是非常敏感的，也是最能决定亲子关系的。

是男孩就有男孩本身的特性，这是天生的，没有好坏之分。父母充分认识到这一点，接受男孩身上的特性，根据他的特性来选择教养的方式和方法，才是对的。

男孩普遍不喜欢表达倾诉。这个相信多数父母都认同。一般情况下，女孩子相比男孩子更喜欢表达自己的感受，喜欢和父母沟通、倾诉。女孩子生气或者有烦恼时，她会找妈妈哭诉，或者跟爸爸撒娇，把心中的不快说出来。这样一来，自己心里面轻松，父母也容易了解孩子的情况。所以，往往女孩的父母与孩子之间的关系更加好把握。可是男孩子就不一样，越是大一点的男孩子，越不喜欢把自己的想法、感受说出来，越不喜欢表达自己的情绪。男孩子在外面遇到了问题，往往会先自己想办法解决，遇到了挫折和压力，也不愿意主动回来和父母说。这样就造成，父母只看到儿子整天呆呆的，问什么也说不出，等到发现问题了，往往已经闯了祸，造成了麻烦。于是父母更气了：有事情又不早说，如果我们不问，不知道要搞成什么样子！

其实，这真的怪不到男孩，因为父母的想法也存在问题。父母平时没有和男孩建立起有效的沟通方式，不了解他心里面的想法，却希望他凡事主动告诉你，怎么可能？人都是有自尊的，就像我们遇到自豪的事，可能还喜欢告诉别人，可是遇到困难和失败的事，有谁喜欢主动跟别人讲？除非是让我们非常有安全感的人，我们知道，跟他讲了，不会被责问，还会得到好的建议和帮助。大家想想，是不是这样？这一句就讲明白了。**父母首先要在儿子心中建设起一个值得信赖的形象，儿子才会愿意和你分享。**

另外，那些大一点的男孩，父母了解他的情况，也要讲究方式方法。有的妈妈，喜欢儿子一到家就追着问东问西。结果妈妈越问，儿子越不答，再问下去，儿子直接跑掉了，这其实就是妈妈的方法不妥当。应该要先看情势。比如儿子刚刚放学回家，也许今天考试考得不好，心情很糟糕，也许今天有个问题，始终没搞懂。你看到他，闷闷不乐的，你就不要说话，给他一杯水，把饭菜准备好，让他先静静心。等到晚上，他的功课也完成了，心情也放松了。这时候你去敲他的房门，问问他要不要吃点水果？你这样去关心他，他才会敞开心扉，愿意跟你讲心事。有些事妈妈不方便的，爸爸就要出面，还是要给他足够的空间，他才会接受帮助。

男孩往往粗放顽皮，喜欢冒险。调皮淘气是男孩的共性，喜欢冒险，探索未知的领域，这也是做父母的最头疼的地方。一方面担心儿子的安全，尤其是年龄较小的男孩子，还不能认识环境中的危险隐患，经常因为冒险而受伤，惹得父母担心生气。另一方面，孩子淘气调皮损坏器物，自己家里的东西经常弄坏，有的还把公共场所或者别人的东西搞坏，弄得父母大为光火，挨训挨揍都是有的。

遇到这种情况，我建议父母要冷静处理。比如你可以跟小孩讲：你好奇这个东西，想弄清楚，这是好事，不过因为你还小，很多危险你发现不了，所以我们做个约定，以后想摸索什么东西，先问爸爸妈妈，爸爸妈妈给你一些合理建议，你再去做。这样不但你不会受伤，还可以把这个东西弄得更明白。你尊重他，他多半是会合作的。

小孩子因为调皮碰坏了东西，父母也不必一上来就责骂，这样以后他再犯错，就不敢承认。你可以严肃地和他讲清楚：我知道你是不小心摔碎的，碰到这种事要先找大人，爸爸妈妈会和你一起收拾。不过以后一定要当心，先看看周围环境再去跑跳，这样就不会经常打坏东西。

男孩的专注力强，不喜欢被打断。和女孩子相比，男孩的专注力往往更强。所以你会发现，当你叫一个女孩子，她马上答应你，很乖巧喜人；可是有时候你叫一个男孩子，他好像没听到一样，你大声喊他几遍，他才反应过来，弄得有些父母怀疑，我的儿子是不是智力有点问题？

实际上，男孩子因为他的天生特性，往往具有很强的专注力。这种专注力对于人是非常重要的，这也解释了很多研究领域总是男性多一点的原因。我们做父母的，要认识到男孩这种专注力的可贵，合理地保护他的这种能力，而不是一直想办法破坏它。父母可以和儿子谈一下：我知道你在思考一件很重要的事情，不喜欢被人打断，这是好事情，爸爸妈妈很高兴你能这样。但是你要注意两点，一是保证自己的安全，过马路、骑车时不要长时间思考问题，那样容易发生事故，二是该有的礼貌礼节要守，家里有客人来，遇到长辈，要先打招呼，然后再去想自己的事，这是基本的礼貌，否则别人会质疑你的品行。

父母给孩子合理的建议、妥当的办法，他感觉自己既可以做自己喜欢的，又不用受到大人的批评，自然愿意照着去做。即使一时做不到，也可以慢慢来影响他，等他大一点，懂得的事多了，会辨别父母的建议是不是有效，到时候自然会接纳的。

所以，没有什么所谓男孩难养，父母给他足够的理解和耐心，用适合的方法，他自然会向着好的方向去成长。这是我们做父母的责任，也是我们应当掌握的教养智慧。

罗浮山教育理念

曾仕强

我们在罗浮山办教育，而不只是办一所学校。办学校较容易，办教育十分艰难。

教育是国家民族的根本大计，无论文化、政治、经济、军事、交通、生死，都和教育具有十分密切的关係。中华民族能够长久存在，中华文化能够历久长新，就是因为我们自古以来，便重视教育。从家庭开始，由胎教着手，一直到长大成人，接受学校教育、社会教育，无论衣、食、住、行、育、乐，都要活到老学到老。孔子被尊称为万世师表，便是他念化终生为教育而奉献，提倡有教无类，把人之所以为人的仁，当做最高目标，诲人不倦，令人至为钦敬。

仁的具体表现，在修己安人。先做好自己，再帮助他人。学校是培养君子的场所。全体师生共同努力，教学相长，努力成为君子。记抱紧做人，实实在在做事。先把人做好，才能把事做好。说起来简单，做起来要时时用心，处处小心，丝毫不能马虎。

　　古聖先賢是我们共同学习的榜样，大自然是我们共同学习的对象。人生於天地之间，成为大自然的一份子，当然要遵守自然规律，爱护自然环境，并且要善用我们的创造力，来改善自然环境，使生活更有意义，活得更有价值。这是上天赋予人类的神圣责任。既生为人，便要勇於承担，从小培养正确观念，养成良好习惯，是我们对家长、全学的职责。

　　时代不断进步，我们不能後退，以免落后。老祖宗留下来的智慧，是亘古不变的，不可以轻易抛弃，以免忘本。我们既不能中西混合，搞得四不像，也不行中学为体，西学为用，弄得内心充满矛盾，却找不到问题出在哪里；我们採取古为今用的策略，把易经、道德经和论语活用在现代生活，使人过着快乐自在的生活。保留古老的智识，活用现代智识，是我们共全努力的目标。

　　要求同学背诵易经、道德经和论语，配合全学的记忆力良好，同时培养正确观念，使脑留清楚，能够灵活应用，养成良好习惯，使身

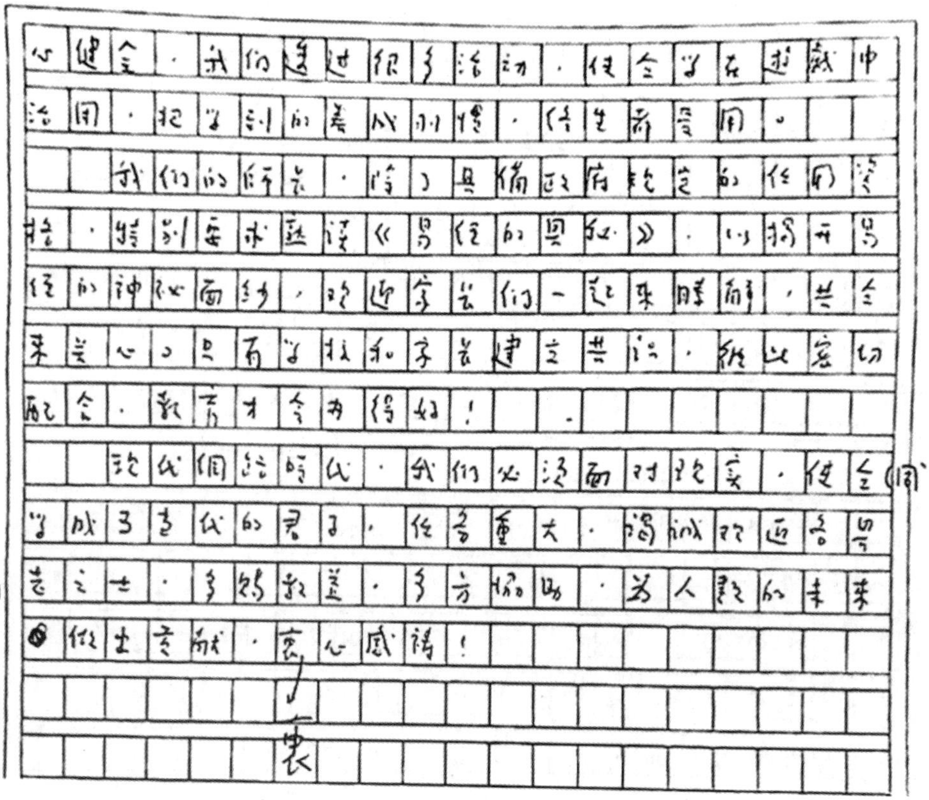

心健全。我们通过很多活动，使仝学在游戏中活用，把学到的养成习惯，终生受用。

我们的师长，除了具备政府规定的任用资格，特别要求熟读《易经的奥秘》，以揭开易经的神秘面纱，欢迎家长们一起来了解，共仝来关心只有学校和家长建立共识，彼此密切配合，教育才会办得好！

现代网络时代，我们必须面对现实，使仝(同)学成为当代的君子，任务重大，竭诚欢迎各界有志之士，多给教导，多方协助，为人类的未来做出贡献，衷心感谢！

2016年9月1日，尊敬的曾仕强教授在广东惠州罗浮山创建了罗浮山国学院附属学校。五年过去了，这所以探索中国式教养为目标的学校到底怎么样了呢？

扫码关注学校微信

电话：0752-6380290

曾仕强教授出版著作

序号	书名	定价
1	中国式教养，中国父母家庭教养必修课	49.80
2	别让情绪拖累你的人生	2020年出版
3	中国人，你凭什么不自信	59.80
4	易经的奥秘3	64.00
5	易经的奥秘（完整版）（《易经的奥秘1》增补版）	64.00
6	易经的奥秘2	64.00
7	易经的智慧合集（精装典藏版）（全六册）	680.00
8	易经良基（共六册）	192.00
9	易经良基·中（共六册）	192.00
10	曾仕强详解道德经：道经	39.00
11	曾仕强详解道德经：德经	42.00
12	道德经的奥秘	36.00
13	长安家风	39.80
14	坤道——曾仕强教做出色的中国女人（新版）	45.00
15	论语的生活智慧(上下)（新版）	72.00
16	论语给少年的启示(上下)	58.00
17	论语给青年的启发(上下)	68.00
18	曾仕强点评三国之道：论三国智慧（上下）	86.00
19	胡雪岩的启示（全新版）	45.00
20	曾仕强评胡雪岩	29.80
21	中华文化自信	45.00
22	我是谁	58.00
23	诸葛亮的启示	42.00
24	财神文化	49.80
25	赢在职场：中国式职场修炼手册	49.80
26	道德经的玄妙	49.80

本系列为曾仕强教授 CCTV10「百家讲坛 LECTURE ROOM」《易经的奥秘》讲座配套深度解析丛书

现代易学院系列（共18册，陆续出版中）

曾仕强教授详解易经系列一至六

曾仕强教授详解易经系列七至十二

《易经的奥秘》进阶版

深度学习《易经》中的六十四卦

你的命运你做主！趋吉避凶不求人！

深度解读64卦，通晓人生未来变化。

收藏馈赠，上品之选！

必备宝典，随时可查！

《易经的智慧合集》，

解开您一生智慧的密码！